国家能源集团永州发电有限公司
安全文化手册

国家能源集团永州发电有限公司　**组织编写**

中国矿业大学出版社

·徐州·

图书在版编目(ＣＩＰ)数据

国家能源集团永州发电有限公司安全文化手册 / 国
家能源集团永州发电有限公司组织编写. — 徐州：中国
矿业大学出版社，2024. 12. — ISBN 978 - 7 - 5646 - 6531
- 9

Ⅰ. F426.61-62

中国国家版本馆 CIP 数据核字第 2024TK4252 号

书　　　名	国家能源集团永州发电有限公司安全文化手册
组织编写	国家能源集团永州发电有限公司
责任编辑	吴学兵　　陈　慧
出版发行	中国矿业大学出版社有限责任公司
	（江苏省徐州市解放南路　邮编 221008)
营销热线	(0516)83885370　83884103
出版服务	(0516)83995789　83884920
网　　　址	http://www.cumtp.com　E-mail：cumtpvip@cumtp.com
印　　　刷	徐州中矿大印发科技有限公司
开　　　本	787 mm×1092 mm　1/16　**印张** 10.5　**字数** 269 千字
版次印次	2024 年 12 月第 1 版　2024 年 12 月第 1 次印刷
定　　　价	68.00 元

（图书出现印装质量问题，本社负责调换）

前　言

　　本手册是发电企业员工建立全方位安全文化的指南,它不仅展示了企业在安全管理上的具体实践,还深入探讨了安全文化在企业中的核心地位与发展路径。随着现代工业生产环境的日益复杂,企业的安全管理已不仅仅是技术问题,更是管理、文化与人文关怀的综合体现。本手册系统地梳理了企业安全文化的构建、管理及其对企业生产效益的促进作用,力求通过科学化、规范化的安全管理体系,使企业员工能够在安全生产环境中工作,保障生命安全与企业的健康发展。

　　本手册共八章,涵盖了安全文化的各个层面,从理念的塑造到行为的规范,再到具体制度的执行,每一章都详尽地阐述了安全文化的核心内容及其实际应用。通过系统的讲解,本手册将理论与实际紧密结合,帮助员工理解并在日常工作中实践安全文化。

　　第一章首先阐述了企业文化的基本概念,并以广义和狭义的视角解读了安全文化的定义。企业文化作为企业内凝聚力与活力的源泉,在推动企业生产经营的过程中发挥着重要作用。第二章重点探讨了习近平总书记提出的"总体国家安全观"在企业安全文化中的具体应用。国家安全观不仅关乎企业内部的安全生产,还强调了企业在经济、社会、文化等多方面的安全责任。第三章详细介绍了如何通过完善的规章制度和标准化操作,将安全理念转化为具体的操作行为。特别是在安全责任制的建立方面,安全管理不仅是企业管理层的职责,也是每位员工的义务。通过明确的责任分工和考核机制,企业能够确保安全生产责任的全覆盖。第四章从行为科学的视角,讨论了如何通过管理员工的行为来预防事故发生。行为文化是企业安全文化的外在表现,它通过日常行为规范、工作态度和企业价值观的传导,影响员工的安全行为。第五章安全物态文化着重于企业的生产环境和设备设施的安全性。企业的安全生产不仅依赖于员工的行为和意识,还取决于设备的安全性和环境的可靠性。通过改善设备、优化作业环境,企业可以有效减少物的不安全状态,提升整体安全水平。第六章详细介绍了企业为提高安全意识而组织的一系列文化活动,如安全生产月、安全大讲堂、安全知识竞赛和安全文化论文征集等。第七章则重点分析了事故原因及其防控对策，发现导致事故发生的主要原因，并提出了切实可行的预防措施，如加强安全管理制度、定期设备检查和员工培训等。第八章以简短有力的安全格言作为全书的总结，这些格言不仅警示员工时刻保持安全意识，也传递出企业在安全管理上的理念和态度。通过这些格言，企业希望员工在日常工作中始终牢记安全的重要性，将安全行为内化为自觉行动。

总的来说，《国家能源集团永州发电有限公司安全文化手册》不仅是一本企业管理工具书，更是员工日常安全生产的指南。通过系统的安全文化建设，企业可以有效减少安全事故的发生，提升整体的安全管理水平，实现企业的长远发展目标。希望通过本手册的学习与实践，每一位员工都能自觉履行自己的安全职责，共同构建一个安全、和谐的工作环境。

编　者

2024 年 10 月

目　录

第一章　安全文化简介

一、安全文化的概念

(一) 企业文化的内涵和建设

企业文化又称组织文化(corporate culture 或 organizational culture),于 20 世纪 80 年代初,由美国哈佛大学教授特伦斯·迪尔和科莱斯国际咨询公司顾问艾伦·肯尼迪共同提出,他们所著的《企业文化——企业生活中的礼仪与仪式》被评为 20 世纪 80 年代最有影响的 10 本管理学著作之一,也成为论述企业文化的经典作品。实践表明,企业文化对企业经营业绩具有很大的促进作用,因此引起国内外学者的广泛关注。美国学者认为没有良好的企业文化和价值观的支持,再优秀的经营战略也无法成功实施。日本企业界认为一旦优秀的企业文化同高明的企业家、科学化的管理相结合,就会在企业内形成强有力的精神支柱,成为企业内凝聚力和活力的源泉,并产生无法估计的物质力量,促进企业的生产经营,创造经济和社会效益。

与企业安全文化一样,企业文化的内涵至今也没有定论,据不完全统计,目前关于企业文化的定义有 180 多种。这些定义也可以分为广义和狭义两类,广义的企业文化包括物质文化、行为文化、制度文化和精神文化等在内,而狭义的企业文化,只包括企业精神。

1. 国外关于企业文化的定义

企业文化是由美国学者最先提出的,具有代表性的企业文化定义主要来自美国和日本。

(1) 企业文化意味着企业的价值观。很多国外学者认同这个观点,例如美国加州大学管理学教授威廉·大内认为企业文化是由公司的传统和风气构成的,体现在公司如何进取和如何运营上,同时逐渐形成公司员工的行为规范,并使之代代相传。他引证了日本企业的成功模式,认为日本企业的成功离不开企业文化的支持,而其文化的核心是重视人,并围绕人制定相关政策,如实行长期雇佣制等。来自麦肯锡公司的阿伦·肯尼迪也认为,企业文化是一种以神话、英雄人物为标志的凝聚力,是一种含义深远的价值观。并提出了企业文化组成的五个要素,即企业环境、英雄人物、价值观、礼节和仪式、文化网络。

(2) 企业文化是企业价值体系的表现。企业价值体系是以企业的指导思想为根本,以企业的共同理想为主题的具有延续性的共同的认知系统,这个认知使每个员工知道企业提倡什么,反对什么,进而逐渐形成企业文化。不论是安东尼·阿索斯对企业文化的观点还是今西伸的企业文化构成体系,都反映出企业文化是在企业价值体系的基础上,通过人员、制度、管理等形成的。

(3)企业文化是被全体成员遵循的行为道德规范总和。德加·沙因认为,企业文化是在企业成员相互作用的过程中形成的,为大多数成员所认同,并用来教育新员工的价值体系。它包括职业道德、行为规范等方面。当企业的领导者创造一个组织时,同时也创造了企业文化。施恩认为,组织文化就是由组织成员共享的认识和价值观组成的认知结构。综合上述观点,可以总结出对文化的基本看法,首先,文化的核心是价值观体系,例如重视人的价值观。其次,这种价值观需要有相应的行动来证明和表现,例如,管理者要身体力行,做好榜样,有反映该价值观的英雄人物,这种证明和表现使价值观得以巩固和传播。再次,要有一些制度、仪式、礼节等来规范人们的行为。最后,还应有相应的传播载体来使文化在企业内传播,例如各种网络媒体。

2. 国内关于企业文化的定义

国内很多的管理和经济学家都对企业文化产生了浓厚的兴趣,并都给出了相应的定义,其中具有代表性的有以下几个:

(1)企业文化是企业经营过程中的积淀。企业文化是一个企业在长期的生产经营过程中逐渐积淀下来的。那些能凝聚企业员工、激发员工积极性和创造性的理念被不断传承下来,形成企业的灵魂。王超逸和王吉鹏认为企业文化的形成有一个长期的过程,企业文化的作用是凝聚、激发企业员工的创造性、积极性等。

(2)企业文化不是口号。企业文化被企业所信奉,并用于实践中。某些企业常高举形形色色的口号,如团结、拼搏等,但这些口号是否反映了企业的价值取向?是否被企业员工认同?能否起到企业凝聚力的作用?恐怕连企业的领导者也不知道,这是很多企业对企业文化的误解。企业文化是企业信奉并付诸实践的价值理念。该定义进一步阐明企业文化必须要在日常工作中践行,必须要表里如一,那种口号式的、只有肤浅认识的观念,没有内化于心,就不会在行动上表现出来,就不属于企业文化的内容。

(3)企业文化是一种心理契约。心理契约是个体与组织之间隐含的没有明文规定的双方各自的责任以及对对方的期望,是无形的。企业文化是企业从事生产经营过程中形成的文化,它蕴含的价值观念、行为准则等意识形态方面的内容,被企业的成员共同认可,企业成员也期望通过对企业文化的认可达到与企业共进退的目的。从这点上来说,企业文化是一种心理契约。

(4)企业文化需要载体来实现。企业文化是无形的,是企业的核心,是企业员工的行为规范,它需要以规章制度和物质现象为载体去约束企业员工,激发员工的积极性和归属感。从上述定义来看,不同的人研究企业文化的视角不同,就会产生不同的认识和定义,这些定义丰富了我们对于企业文化的系统思考和认识。

上述关于文化的定义虽然在字面上不同,没有达到完全的一致,但实际意思都非常接近,各人的表述都是在不断完善安全文化的内涵,没有明显的冲突。

综合上述诸种说法,对企业文化的内涵至少可以有以下理解:① 企业文化的核心是在企业内长期积淀形成并广为流传,为企业内成员所共享和认同的观念。例如,国内很多企事业单位有集体活动迟到的文化,主要是很多人认为集体活动说是几点出发,但肯定会因为一两个人迟到而推迟几分钟,大多数人觉得这是一个正常现象。② 企业文化的形成和传播需要依靠一些物质的东西作为载体,如英雄人物及其事迹、故事,或仪式、标志性建筑物、行话等等,甚至是通过企业经历的各种事件,如通过举办集体活动时人们的表现,出现了迟到文化。③ 企业文化的作用是增强企业的凝聚力和企业职工对企业的认同感,同时,企业文化是多元的。

关于如何建设好企业文化,不同的人也有不同的观点。但企业文化建设的最终目标是通过调动企业员工的积极性,提升企业管理水平,从多个环节促进企业的全面发展,实现企业的战略目标,达到企业两个文明的双丰收。因此,企业文化建设可以从以下几个方面着手:① 制定企业的价值观,明确企业精神。价值观是企业的核心,确定了企业的价值观也就明确了企业和员工的共同理想。② 制定以人为本的生产经营管理制度。通过制度的建立规范企业的经营,调动员工的积极性,提升员工的技术素质和精神素质,增强企业的凝聚力。③ 改善企业内部环境。通过改善企业员工的工作环境和生活福利,开展文艺体育活动,形成企业的文化氛围,营造健康和谐的人际关系。

(二) 安全文化的定义

自从 40 多年前佐哈尔发表了关于安全文化定义、测量和验证的文章之后,安全文化的相关研究由此相继展开,然而这些研究工作一般都集中关注安全文化在行业中的应用,而不是其本身的概念和理论问题。大多数研究关注于安全文化的测量问题,包括元素的结构及其产生结果的有效性验证。造成的结果是,大量文献单就制造行业通过实证检验就确定了 20 多个安全文化量表,覆盖了 50 多个不同的变量或概念条目。这种情况反映了所研究内容的概念模糊性,以及暴露出来的需要在理论研究上付出更大努力的问题。尽管存在不同,但这些不同的定义和测量量表也反映了一些共性,允许我们识别核心概念条目,共享测量次级量表。因此,本节将以安全文化的定义作为研究重点,希望通过对比分析减少概念的模糊性,还可以鼓励其他研究者从实践研究转为理论研究,以更好地完善安全文化理论基础。

安全文化是从广义和狭义两个方面定义的。安全文化的广义定义可以理解为与安全有关的一切工作。这种定义存在的问题是安全文化建设的内容宽泛,无明确的边界范围,企业在实际建设过程中无从把握。造成的后果有两种,一是为了追求安全文化内容尽量翔实、充分,企业在建立安全文化时考虑太多的内容,采用多样的形式,部分内容重复,更不利于员工接受和掌握,致使安全文化的作用不能有效发挥;二是由于内容没有边界范围,企业在建设安全文化时不清楚哪些安全文化指标能涵盖安全文化的定义,往往会忽视一些重要的信息,达不到安全文化的宣传作用。

而安全文化的狭义定义则是聚焦于某一点,或是限定在人的精神层面,或是局限在行为方面。这种狭义的安全文化定义较之广义定义将研究重点缩小在某一具体层面,缩小了研究范围,更有利于探究安全文化的本质,但仍没有明确指出具体什么是安全文化,因为基本意会、理念、态度、信念和价值观这些词语在实际应用时极为抽象,无法告知人们安全文化建设具体包含什么以及如何实施。

在理解安全文化内涵时,不论是广义的定义还是狭义的定义,要么范围宽泛、事事都抓,要么概念抽象、无从下手,这使得企业的安全文化建设主次不清,看不到明显的效果。关于安全文化的定义,我们认为不论是广义的还是狭义的,在理论层面上研究、探讨都是合乎科学研究的精神的,既可行又合理;然而,如果将安全文化作为实际生产的指导思想来进行应用研究时,对于我们现阶段的实际情况来说,这两种提法都不是最佳的选择,盲目选择其一应用的结果必然会影响安全文化建设的效果。如果在生产实践和社会生活中,广义安全文化的使用会由于内容的宽泛,使人们无法把握安全文化的边界,容易出现思想上的混乱,或工作上的茫然,不利于对安全文化的理解与记忆。而上述安全文化狭义定义的虚无抽象,又无法胜任指导安全文化建设的重任。至此,要说清这个问题,就应从分析安全文化的实质入手,从而给出内涵科学且具备可操作性的安全文化定义。

安全文化一词真正引起人们关注的是作为预防事故的策略措施,也就是避免环境破坏、减少人员伤亡、降低财产损失是研究安全文化的最初目的之一。众所周知,导致事故发生的直接原因是人的不安全行为和物的不安全状态,而且至少80%的事故是由人的不安全行为引起的。因此,减少或消除人的不安全行为是预防事故发生的有效途径之一。至此,减少或避免事故发生的对策可以从人和物两方面入手,通过工程手段来解决物的不安全状态,而人的不安全行为的多少以及发生与否,与其所在组织的管理方法和组织文化有关,因此,要控制人的不安全行为,除了研究个人的行为纠正技术和防护装备外,还必须研究其所在组织的安全文化及管理体系,故减少事故的另一对策就是通过提高组织的安全文化水平以及改进企业的管理体系来解决人的不安全行为。因此,安全文化不是单纯的文化现象,而是安全学术领域的专业名词,属于安全学科。此时,安全文化建设作为事故预防的方法策略就显露出来了。如何预防或减少事故?答案就是进行安全文化建设,而且必须明确的是安全文化建设的重点是突出"安全",而不是关注"文化"。如何注重安全文化的"安全"部分?答案就是考虑安全文化和事故率之间的关系。

(三)企业安全文化的内涵

狭义的企业安全文化是指在企业安全生产过程中逐渐沉淀下来的,对企业内各层次人员的安全行为产生深刻影响的,通过各种有效方式在企业内广泛传播的,为企业内成员所共享和认同的观念的总和。这种影响主要是使企业内部各层次人员对安全生产工作产生一种稳定的、总体的倾向性,这种倾向性是安全行为的内在驱动力,能将安全动机始终置于较高的水平。

上述狭义的企业安全文化定义也可以认为是安全观念文化的定义,那么,广义的企业安全文化定义是指除了上述狭义的定义以外,还包括对人的安全观念文化产生影响的安全行为文化、安全管理(制度)文化和安全物态文化。例如,企业内形成的各种行为习惯,企业内有些安全管理制度已经被人们接受和认可,企业内的一些安全生产故事已经对人产生深远影响,企业内一些建筑已经被赋予一定的意义并影响人的安全行为等等。

从上述定义来看:① 企业安全观念文化并非所有观念的总和,而是那些对人的安全行为产生影响的观念总和,企业的安全行为文化、安全管理(制度)文化和安全物态文化也是指那些对人的安全观念文化产生深刻影响的行为习惯、管理制度、故事和建筑的总和;② 企业安全文化的核心是安全观念文化,这些观念文化必须是整个企业内所有员工所共同认可与分享的(对于企业内某个部门的安全文化就是整个部门内所有员工所共同认可与分享的),某一个人的观念不属于企业安全文化,除非将这种观念有效传播并固化于每个人的内心;③ 企业安全观念文化必须经过一个长期的过程,必须经过传播并固化于内心的过程,这只有在各种日常行为中才能反映出来,应试型的记忆的观念不属于企业安全观念文化。例如,通过回答调查问卷某人可能会认为安全生产会产生效益,但在实际工作中又不舍得安全投入,那么说明企业的安全观念文化还是没有改变。企业安全文化是企业在长期的生产实践中形成的,安全文化水平的高低可以通过安全氛围来测量,即安全氛围是安全文化的外在表象。

（四）企业安全文化与企业文化之间的关系

企业文化是多元的,企业中的工作领域众多,企业文化可以根据企业中的不同工作领域分为营销文化、质量文化、安全文化、广告文化等。企业安全文化是企业文化的一部分,是企业文化中对提高安全生产绩效发挥作用的部分,因此,对企业文化的研究能有助于认识企业安全文化,企业文化的有关理论可以引用到企业安全文化当中。

通过上述企业文化的研究及企业安全文化与企业文化之间的关系,可以得出关于企业安全文化的如下结论:

（1）企业安全文化的核心是在企业安全生产过程中逐渐沉淀下来的,对企业安全生产活动和绩效产生影响的,通过各种有效方式在企业内广泛传播的,为企业内成员所共享和认同的观念的总和。

（2）企业安全文化是"以人文本"的文化,人是企业安全生产工作的主体和核心,绝大部分事故都是由人造成的,而所有的安全生产活动的事故预防工作都必须由人来完成,因此,要想取得好的安全生产绩效,必须要使人的行为有所改变,而人的行为又主要受思想观念的影响,因此,企业安全文化的核心是观念文化。

（3）由于企业制度、企业物态环境、企业其他员工的各种行为等对企业员工的行为都会产生一定的影响,甚至有些对企业员工的观念也产生一定影响,因此,有些学者认为企业安全文化包括企业安全物态文化、安全管理(制度)文化、安全行为文化和安全观念文化等四个层次。也有学者认为安全文化是安全物质财富和精神财富的总和。笔者认为这些说法欠妥,笔者认为,即使是广义的安全文化也不能是无边际的,广义的企业安全文化是企业中对人的安全观念,进而对人的安全行为产生深刻影响的,具有明显意义的事迹、制度、礼仪、人物、建筑、行为等等。例如,1802 年成立的杜邦公司是从火药生产的高风险行业开始的,至今已有 200 多年的历史,在第一个 100 年中公司发生很多起生产安全事故,1818 年的一起炸药爆炸事故最为严重,夺走了 40 条生命,杜邦公司从血的经历中吸取了深刻的教训,于是做出以下决定:第一,杜邦家族搬入厂区入住;第二,公司内禁酒,因为第二起爆炸就是由于工头醉酒后误操作引起的;第三,实行严格的安全生产作业规程。杜邦公司的这些历史故事已经对所有的杜邦人产生了深刻的影响,而且有明显意义,并在公司内广为流传,这才是安全文化。再如,某一驾校考试中心门口停放一辆车祸后的轿车,时刻提醒来参加考试的学员,开车是一项危险的工作,如果不注意安全会有多么严重的后果,这辆轿车也是广义安全文化的一部分。但是,其他的轿车就不是广义的安全文化,因为,它对人的安全生产观念和安全生产行为并未产生任何影响。

(4)企业安全文化的传播需要依靠一些物质的东西作为载体,如英雄人物及其事迹、故事,或仪式、标志性建筑物、行话等等。严格来说,这些本身并非企业的安全文化,而是对企业的安全文化产生影响,真正的安全文化就是各种物质的东西所代表的意义在人们大脑中产生的观念影响。

(5)企业安全文化建设应该有一个明确的目标,并进行系统的研究,期望人们的思想观念发生什么样的改变,对人的行为会产生怎样的影响等等,都要提前做好计划,然后通过各种事迹、故事、行为、文艺作品、仪式、标志性建筑、行话等表现出来,从而对人的思想观念产生影响,再通过评估和测量,找到企业安全文化建设的不足并进行针对性的建设,如此不断执行 PDCA 循环。

二、安全文化的由来

安全文化这一概念的出现源于切尔诺贝利核电站事故。这次事故后,国际核安全咨询组(International Nuclear Safety Advisory Group,INSAG)在总结事故人为因素的过程中,首次提出安全文化这一管理概念,并在提交的事故报告 INSAG-4 中提出了安全文化的定义:组织和组织成员所共有的态度和特征的总和,它建立了一种超越一切的观念,即核电厂的安全问题应得到超越一切的重视程度。INSAG 还认为安全文化这一概念的提出可以较好地解释引起本次爆炸事故的组织因素和管理因素。

随后,英国、美国等国家的一些研究机构开始关注安全文化,很多安全文化的定义如雨后春笋般地出现了。其中,英国安全健康委员会(The U. K. Healthand Safety Commission,HSC)的核设施安全咨询委员会(Advisory Committee on the Safety of Nuclear Installations,ACSNI)认为 INSAG 的定义没有考虑到能力等因素,通过研究得出了一个有广泛影响力的、至今最常用的安全文化定义:组织和组织成员共有的与安全有关的态度、能力、认知、价值观、行为方式的集合。而这五个方面的集合通常决定了一个组织的安全健康水平以及开展安全工作的有效性和风格。

另一个广泛使用的安全文化定义由皮金提出,他认为安全文化是一套关于降低员工、管理者、顾客及公众受到危险和伤害的规范、信念、态度、角色和社会技术实践的集合。

也许最简单、实用的安全文化定义来源于威格曼撰写的一份关于安全文化和安全氛围的总结报告,他提出安全文化是组织内部所有成员长期共同拥有的关于安全的优先性和价值的认识。

虽然从 20 世纪 80 年代末国外就开始安全文化的研究,提出了很多安全文化定义,但是这些定义是在不同组织的事故调查基础上提出的,导致安全文化的许多不同或特别的概念化。安全文化研究由来自不同学科（如人类学、社会学、心理学、管理学等）的研究人员进行,他们重新定义与其研究主题相关的安全文化,也导致安全文化定义的不同。此外,研究者对安全文化看法的不同以及探讨角度的不同,也导致安全文化的定义一直存在争议,甚至同一研究者或研究机构在不同时期提出了不同的安全文化定义,这也揭示出安全文化研究中一个重要的概念模糊化问题,其他学者将其称为"模糊的概念化景象"。

20世纪90年代初,随着我国核工业总公司引入国际原子能机构的安全理念以及研究成果,安全文化一词被引入国内。安全文化开始得到国内重视则源于1993年下半年,时任劳动部部长李伯勇提出在研究安全生产综合管理体系的同时,要学习借鉴安全文化。此后,在1994年初李伯勇部长就要求有关专家研读《安全文化》,并在《安全生产报》试刊上发表文章,提出要把安全工作提升到安全文化的高度。

1993年10月亚太地区职业安全卫生研讨会的召开,拉开了国内学者系统研究安全文化的序幕,而国内关于安全文化定义的研究成果基本上从1994年才开始出现。这一时期,国内学者徐德蜀、金磊、罗云、陈昌明、曹琦等相继出版安全文化建设方面的著作、发表安全文化的研究成果。最早徐德蜀提出安全文化是与安全相关的各种精神财富和物质财富的总和。随后,曹琦提出了一个比较典型的观点:安全文化是安全行为准则与安全价值观的总和。罗云则提出了一个具有广泛影响力的、目前国内较为普遍采用和接受的定义:安全文化是与安全生产和安全生活密切相关的物态、观念、精神与行为的总和,也就是平时所说的精神文化、物态文化、制度文化和行为文化的总和。

随着研究的不断深入,近几年部分国内学者逐渐将安全文化的定义界定到精神层面,而不是制度、物态、行为层面。例如,张吉广等提出安全文化是与安全问题相关的一套信念、价值观以及行动隐含的基本前提。方东平认为安全文化是组织在安全方面共享的一套普遍适用的指标、信仰和价值观。傅贵提出安全文化是安全管理所需的安全理念。相关安全文化定义正逐步被部分研究者和企业管理者所接受。然而,国内对安全文化的认知还是停留在"大"文化层面,只要与安全建设相关的东西都视作安全文化的内容,导致安全文化被宽泛的滥用。

总的来说,由于研究背景、研究角度等因素存在差异,到目前为止,国内外学者对安全文化的定义仍是众说纷纭,尚没有达成一致认识。大部分研究者将安全文化定义为安全信念、安全价值观、安全态度、安全能力、安全行为准则中的一项或几项的集合。安全文化在实践中不易把握,在建设过程中存在较多困难,理论上急需明确的、可操作的安全文化定义。

三、安全文化的构成

安全文化分为安全精神文化、安全行为文化、安全制度文化和安全物质文化四个层次。并认为安全精神文化是安全文化的核心层;安全行为文化和安全制度文化是中间层;安全物质文化是物质层。

（一）安全精神文化

安全精神文化,亦被看作安全观念文化,其属于企业构造安全文化的关键部分之一,经过总结分析本研究认为它们是一个概念。其涵盖企业负责人及员工对安全形成的一致性观念、思想、价值观等,此外,安全精神文化亦是其他三类文化的精神基础,公司一方面在取得发展效益提高物质收入的同时,也要建立良好的精神文化。企业要树立"预防为主、防治结合、综合治理"的观念,这是企业发展强大的效益来源。所有员工要统一思想认识,树立一岗双责观念,规避一系列安全事故,防止事故扩大。

（二）安全物质文化

安全物质文化又称为安全环境文化,安全物质文化表面上分析属于外在因素的一种,然而其是安全文化的关键一份子,也是其他文化形成的必要条件。其特征是把物质或者环境当作载体,因此体现出企业的安全文化,既有企业安全生产过程中的物质方面的部分,也有环境方面的部分。企业安全物质文化的内容包括生产过程中的安全设施,企业的安全生产物质投入。例如,安全保护装置、劳保用品、安全警示标志、安全教育培训场所、安全作业环境等,这些都是安全物质文化的具体表现形式。

（三）安全行为文化

企业的安全行为是指生产经营过程中一切与安全相关的行为方式。在企业中,安全精神文化起引导作用,安全物质文化起保障作用,孕育出在企业日常运行时形成的安全行为文化。具体而言,其可细分为企业安全生产检查、安全生产教育宣传、安全生产应急预案演习、安全知识竞赛等几点。安全行为文化,也是公司日常运行时形成的一种安全思想、行为方式的外在呈现,能看出内部职工形成的一种习惯及风貌。此外,安全行为文化同时也涵盖各种作业指导书和安全操作规程的遵守,在生产作业过程中规范使用劳保用品等。

（四）安全制度文化

安全制度文化也称为安全管理文化,企业通过制度进行管理,所以二者可以等同。它是企业安全文化的重要内容,包括企业日常运行时应履行的一系列安全生产方面的规范要求、行业标准、规章制度和规范指引等。相较于之前几种安全文化来说,安全制度文化是引导性和强制性相结合的一种文化。安全制度文化,即为借助于企业安全生产模式所建立的,具体涵盖形成、发布、推广等多个步骤,履行安全方面的法律机制、标准规范和行为准则等。

四、安全文化的基本理念

对企业安全文化的研究视角主要可以集中在三个方面:人类学研究、心理学研究、实用主义研究。

（一）人类学视角

人类学视角研究主要采用的是叙事研究、现场研究、扎根理论、案例研究和人种志研究等方法。这种研究关注的问题一般是有争议的问题或是界定好的问题。数据采集包括访谈、观察、企业提供、文献研究等。

（二）心理学视角

心理学视角研究主要采用问卷调查法,首先开发使用标准的调查问卷,然后运用统计分析工具进行量化分析。心理层面:主要关注个体因素,因为个体心理状况具有隐藏性,所以对于个体安全心理的掌握需要利用感知调查来确认个体心理对于安全的认可度。情境层面:一般关注组织因素,通过第三者对组织的安全系统做评估,以便确认安全系统是否完善。行为层面:主要关注工作行为,工作行为属于外在可通过观察获取的现象,因此可采取行为观察来获取所需的资料,从而对个体安全行为进行了解。

（三）实用主义视角

实用主义视角研究又称基于经验的研究。主要采取实践观察和打分考核的研究方法。例如,杜邦公司的 STOP 模型、精益 BBS 等。STOP 行为观测计划,是通过 STOP 训练观测,员工练习改变某些行为,达到安全的目的,实现优秀的安全绩效。BBS 研究是通过使用质量系统和绩效系统,来降低 BBS 过程中对资源的损耗。

Berebds(1995)运用开放式访谈法,对多个行业的人员进行了结构性访谈,然后提出安全文化模型。模型包括规范和信念两部分。规范分为:个人的、组织的和互动的。信念分为:个体操控性、安全可控性、人性的本质、对情境的评估、安全事故的原因和安全作业的结果,如图 1-1 所示。

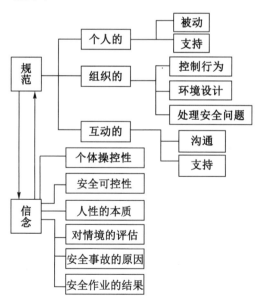

图 1-1　Berebds(1995)安全文化模型

Geller(1996)研究了安全文化构成的要素,将安全文化的三大要素人、环境和行为称为安全三角,提出了安全文化全面模型。如图 1-2 所示,这是早期的安全文化基本理论及任务模型。

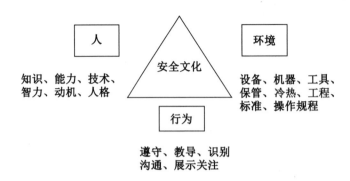

图 1-2　Geller(1996)安全文化全面模型

Cooper(2000)提出安全文化互助模型。Cooper还提出利用和安全氛围有关的调查问卷、安全管理系统进行评估和在实践中观察的方法。模型分为心理因素、行为因素和情境因素三个层面,三个因素间相互关联,如图 1-3 所示。

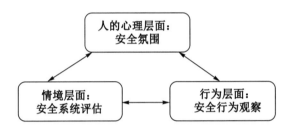

图 1-3　Cooper(2000)安全文化互助模型

陈明利(2012)研究了企业安全文化和安全管理效能之间的关系,并提出了模型。陈明利使用 AMOS 软件构建了关系模型,然后通过调查问卷进行数据收集、分析,再对假设模型进行验证,得到最终模型;主张安全文化可细分成安全理念文化、安全行为文化和安全形象文化,将安全管理效能分为安全沟通、员工安全主动性、安全管理支持三个因子,并证明出其中的关系如模型 1-4 所示。

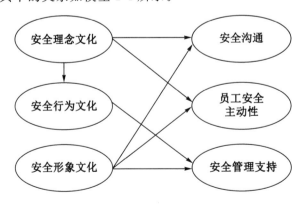

图 1-4　陈明利(2012)企业安全文化与安全管理效能关系模型

张超(2014)提出企业安全文化与员工安全行为关系模型,对企业安全文化寓意进行分析,认为安全文化涵盖安全精神文化、安全物质文化和安全制度文化三个维度,像国内外很多其他人的研究一样,他认为安全行为涵盖安全遵守行为和安全参与行为,此外考虑到安全氛围,将其看作是安全文化及行为的中介变量,通过问卷调查法收集数据分析得出如图 1-5 所示模型。

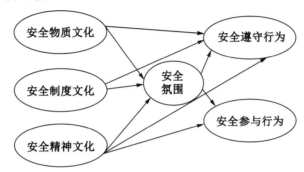

图 1-5　张超(2014)企业安全文化与员工安全行为关系模型

五、安全文化的元素

(一)安全文化元素的内涵

在上节我们确定选用了安全文化是安全管理理念的定义,也证实了这个定义的提出具备理论基础和应用基础,因此,在一定程度上能够反映安全文化的实质。透过这个定义,我们也能看到安全文化元素的影子,因为上段指出体现安全文化内在特质的元素一般都和安全管理以及安全管理相关因素有关,且这些元素确实能够影响企业的安全业绩。由此,我们可以看出安全文化元素和安全管理理念之间存在某种相关关系,也就是说,安全文化概念中的一系列安全管理理念就可以作为安全文化元素来考虑。这样,安全文化就是具体的成文的若干条理念或元素(或是若干个重要的、影响企业安全业绩的安全知识)。虽然这些条目的表达方式不同,但其内容实质基本已经固定了。宣传、贯彻、落实这些理念,就是企业进行安全文化建设的目的,即让组织中的每一个个体理解并主动落实到日常生活工作中。

很多关于安全文化的文献都是通过查找影响安全文化的关键元素来开展研究的,这些关键元素构成了安全文化结构的维度,或是构成了安全文化评价指标体系。这些体系的建立主要通过两种途径,一是通过文献回顾,总结以往研究较多用到的元素、指标;二是先根据安全管理的要素设计安全文化调查问卷,对目标组织进行安全文化调查,然后再针对调查问卷的数据,采用一定的统计方法提取出安全文化的评价指标。

以安全文化元素是影响企业安全业绩(或影响事故发生率)的关键元素作为筛选原则进行了元素修正及完善。在这个过程中遵守 4 条原则:① 共性:提取的具有代表性的安全文化语句适合不同类型的工作分类;② 可识别性:每个具有代表性的安全文化语句只属于某一特定因素;③ 易读性:每个具有代表性的安全文化语句应便于理解并反映其真实意义;④ 无冗余性:所有语句具有独立的含义,不可被复制也不能与其他的表述相似。为了遵循上述原则,我们将每个具有代表性的安全文化语句按照因素分类,将含义相近或多余的删减或合并,将含义模糊的消除或修正。经过处理,增加"安全激励""工作环境""安全沟通""安全知识"元素,最后形成36个安全文化元素集。

(二)安全文化元素作用原理

表 1-1 中的每个安全文化元素对企业的安全管理都具有关键的影响作用,企业的安全管理活动都应该在此理念的指导下进行设计。大体来说,这些理念的作用原理都是"态度决定行为",即安全管理活动都是在这些理念的影响、支配或者指导下进行的。下面分述每条理念的作用原理。

表 1-1　安全文化关键元素表

序号	元素	序号	元素	序号	元素	序号	元素
1	安全重要程度	10	管理层的负责程度	19	安全制度的执行	28	子公司与合同单位安全管理
2	事故可预防程度	11	安全部门作用的认识	20	事故调查类型	29	安全组织的作用
3	安全创造经济效益	12	员工参与安全的程度	21	安全检查类型的认识	30	安全部门的工作
4	安全融入管理的程度	13	安全培训需求水平	22	受伤员工需要关爱	31	总体安全期望值
5	安全决定于安全意识	14	部门负责安全的程度	23	业余安全管理	32	应急能力
6	安全生产主体责任	15	社区安全的影响	24	安全业绩的对待	33	安全激励
7	安全投入的认识	16	安全管理体系的作用	25	设施满意度	34	工作环境
8	安全法规	17	安全会议需求程度	26	安全业绩的掌握	35	安全沟通
9	安全价值观形成程度	18	安全制度的形成	27	安全业绩与人力资源	36	安全知识

(1)安全重要程度

这条理念一般较为常见的表述是"安全第一,生产第二",不能说这种说法不正确,但容易将安全与生产割裂开,理论上安全和生产应是一回事,安全是生产的前提条件,不安全是不允许生产的,因此不存在先后次序的问题。这条理念解决的是对待安全的态度问题,也就是认识问题,是将安全作为衡量一切行为的首要条件。在实施时,需要注意不要空喊口号,而应该将其具体化,以求容易理解,易于执行,进而产生实际效果。

(2)事故可预防程度

这条理念也可以表达为"一切伤亡事故均可预防""零事故是可以实现的",其作用原理有两条:一是认识决定行为,即主观认识决定行为方式。如果员工认识到一切事故都是可以预防的,也就认为做好工作就能预防事故,那么他们就会在每项决定、每个操作、每个日常行为中,认真、细致、高质量地完成工作以预防事故;反之,如果认识不到一切事故都是可以预防的,也就认为事故是不可避免的,那么就不会认真细致地对待每一件事情,而疏忽、大意就会导致事故的发生。二是安全累积原理,如果员工认识到一切事故都是可以预防的,也就认为做好工作可以预防事故,那么在认真工作的过程中,小概率事件(事故)产生的次数就会减少,根据安全累积原理,就能减少重大事故发生的概率;反之,就会增加重大事故发生的概率。

(3)安全创造经济效益

这条理念的作用原理是,当人们认为安全创造经济效益时,人们就会不遗余力地做好安全工作。反之,如果认为"安全投入是个无底洞",谁都不主动做好安全工作,那么就很容易发生事故、造成损失。事实上,安全确实可以创造效益,将产生的效益分为经济效益和社会效益,而创造的经济效益一般是通过减少伤亡损失、增加货币收入来表现的。首先,做好安全工作,不仅可以避免事故罚款支出,还可以节省事故损失以及工伤保险费;其次,做好安全工作,不仅可以提高企业的生产率,还可以增加企业的美誉度、知名度,从而增强企业的竞争力,获得社会效益。

(4)安全融入管理的程度

这条理念实际上就是告诉我们考虑安全的时机问题。做任何工作都应首先考虑安全问题,将安全管理视为企业战略的首要问题、核心问题,进行全局审视,而不应把安全当作一个边缘化的因素而不加考虑、少考虑或者滞后考虑。倘若存在安全问题,就需要首先解决,在解决之前不能开展其他工作,也就是实行安全的一票否决权。

(5)安全决定于安全意识

所谓安全意识,是发现、识别危险源,及时处理危险源的能力。意识决定行为,只有提高了安全意识,才能提高员工对于隐患的辨别、发现和处理能力,进而提高企业安全性。因此,这条理念的作用原理就是,安全事故的发生与否,主要决定于人的安全意识,也就是人对安全问题的发现能力和及时处理的能力。

(6)安全生产主体责任

这条理念是对安全生产主体责任的认识问题,即是否将安全看作是自己分内的事情。任何单位和个人都负有相应的安全责任,我们应该清楚认识到自己的安全职责,把安全工作落实到日常工作和生活中,为自己负责,为他人负责。如果不把安全当作自己分内的事情,总觉得是给上级做、给他人做,安全工作永远也搞不好。如果能像关注家庭安全一样,把企业、他人的安全当作是自己家庭成员的安全,那么安全工作就会精益求精、卓有成效。

(7)安全投入的认识

在我国,《中华人民共和国安全生产法》对安全投入做出了明确的规定,企业需依法在安全方面进行必要的投入,这样才能保障企业的安全水平。安全投入,一般是指为了保障企业人机环系统的安全稳定,防范各类事故发生,保证生产活动持续进行而采取的人力、物力和财力付出的经济行为,具体包括个人防护用品及保健、安全培训以及引进、改良设施设备等。安全投入具有预防性、针对性、滞后性、效益的潜隐性等特性。安全投入需要以风险为基础,只要存在风险(危险)就需要安全投入,否则即便达到了法律规定的安全投入,但仍发生了事故,组织的相关负责人还是难逃干系。因此,只有以风险为基础进行安全投入,才能确保组织成员的安全与健康。

(8)安全法规

目前我国已基本建立健全了安全生产法律体系,对预防、减少、消除生产事故,保障组织成员生命、健康、财产安全,促进社会和谐发展都起到了极为重要的作用。但"安全法规"与"安全投入"在一定程度上是相似的,都只是保证安全的必要条件而非充分条件,只有想的比法律规定的多,做的比法律规定的全,超出法律的基本要求,才能确保安全。因此,预防事故不能单凭满足法规的最低要求,企业应当结合自身的条件,制定更加完善细致的安全条例,才能实现安全生产,获得良好的安全业绩。

(9)安全价值观形成程度

安全价值观就是大家共同对安全问题的看法,强调了对待同一问题的一致性。安全价值观在一定程度上体现了安全意识。有什么样的意识就会产生什么样的行为,因此,我们应该通过诸如安全培训、事故案例分析、安全论坛等形式提高企业各层级人员的安全意识,培养他们对安全生产的认同感,树立正确的安全价值观。只有大家统一了认识,统一了安全价值观,那么安全工作就变成了一件简单容易的事。所以正确的安全价值观对企业的安全生产举足轻重。

(10)管理层的负责程度

这条理念强调了管理层在安全管理中的作用。管理者是从事管理工作的主体,其任务是指出管理目标,并通过计划、组织、指挥、控制、协调等活动来实现既定目标。在进行企业管理过程中,管理层对待安全的态度,对于企业的安全管理十分重要。首先,应该明确管理层是企业安全生产责任的第一负责人,他们应履行安全管理方面的责任,体现在建立健全企业安全规章制度体系,落实企业安全生产责任主体,切实保障安全投入。其次,管理层是企业员工的行为导向,只有管理层真正关注安全,认为安全是第一要务,员工才会觉得安全确实比生产重要。因此,管理层是否对安全负责,负责到什么程度,是决定企业安全制度执行、安全管理水平提升的关键因素。

(11)安全部门作用的认识

这条理念强调了安全部门在安全管理中的作用。一个企业单靠管理层重视还是无法将安全工作做好,因为管理层不仅要负责安全事务,还要负责生产以及其他事务,在管理层时间、精力有限的情况下,安全部门就应运而生,承担起了企业安全管理的职责。一般来说,安全部门的工作职责主要是协助企业管理层负责安全管理,主要体现在组织制定企业的安全生产规章制度、安全技术措施,负责安全监督检查、事故调查处理,组织培训、考核等方面。事实上,安全工作不应该只属于某一个职能部门,仅靠安全部门的专业人员是无法做好的,毕竟安全人员数量再多也不可能时刻监控每一个员工的每一个操作动作,所以安全部门应该明确自己的定位,安全部门的重要性不仅仅在于安全监察、安全培训,更重要的是给管理层充当顾问、参谋,从大局上协调、组织各部门的安全工作。

(12) 员工参与安全的程度

不论是理论研究还是实践应用都明确提出安全工作离不开员工参与,这是构建安全管理体系的基础。目前,员工违章行为时有发生,究其原因,第一可能是员工不理解规章制度的原理和用意;第二可能是感觉规章制度不全面,需要规定的内容没有规定,无须规定的内容倒是很繁多,于是对规章制度产生了抵触情绪,从而发生违章行为。所以吸收员工参与规章制度的制定和讨论,邀请员工参与危险识别,及时报告,员工会感觉到安全也是自己的事情,从而责任心加强,违章行为也就减少了,事故率就会降低。因此,安全工作只有得到员工的积极响应,企业的安全业绩才有保证。企业可以通过定期安全培训,鼓励员工参与企业各项安全活动,搜集员工关心的安全事项等方式调动员工参与安全活动的积极性和主动性。

(13) 安全培训需求水平

安全培训是以提高安全监管监察人员、生产经营单位从业人员和从事安全生产工作的相关人员的安全素质为目的的教育培训活动。安全培训可以强化员工的安全意识,改掉员工的不安全行为,进而养成良好的安全习惯,所有员工都应当重视安全培训,强烈的安全培训需求才能激发员工学习的动机,才更有利于企业安全水平的提高。安全培训需求水平可借助劳动者的安全意识、安全知识以及培训效果来判断。安全培训需求越多,证明培训效果越好;安全意识越强,越渴望掌握更多的安全知识和安全技能,对安全培训的需求就越多;知识越多的人会觉得知识越少,没有知识的人从来对知识都没有需求意识,所以对安全培训的需求,反映了员工知识的多少,安全意识的高低,也反映安全培训的效果。

(14) 部门负责安全的程度

部门负责安全的程度反映的是企业部门职能设置的问题,表现为安全部门负责安全,其他部门不承担安全职能,这种观点是不正确的,安全工作是个系统工程,单靠安全部门无法降低企业事故率,提高安全业绩需要各个部门一起参与。只有形成直线部门必须对安全负责,安全生产责任的设置更加偏向直线负责部门,才能让每个部门都重视安全,这样部门参与安全的程度就会大大提升。

(15) 社区安全的影响

这条理念反映了组织的安全意识,任何组织的业务活动对周边社区的安全都是有影响的,如果认识不到,就会发生意想不到的后果。企业在选址、建厂、生产、停产等环节都要考虑其周边环境的安全,这不仅是企业安全意识增强、安全文化水平提高的表现,更是企业履行社会责任、追求高层次自我价值的体现。

（16）安全管理体系的作用

安全管理体系是企业管理体系的一部分,构建安全管理体系的最终目的就是实现企业自我检查、自我纠正、自我完善这一动态循环的管理模式,能够更好地促进企业安全绩效的持续改进和安全生产长效机制的建立。安全管理体系的建立需要坚持"将工作运行需要的内容写入管理体系,管理体系在工作中得到完全执行"的原则,而不能将体系制定与体系运转分割开来,导致"体系无用"的荒谬结论。

（17）安全会议需求程度

安全会议是定期或不定期召开的有关安全生产的分析会议,该会议主要处理或协调生产中出现的问题,例如总结分析生产中存在的问题,研究制定安全措施,对下一阶段的安全工作提出意见,并做出具体安排和部署;传达、学习有关安全工作的政策和文件;制定安全工作标准、条例、规章制度,并发布实施;进行事故调查、分析、学习等。安全会议对于及时掌握企业安全生产状况,协调、解决存在的问题,加强部门合作,提高工作效率具有重要作用,企业对安全会议的需求度的提高有利于企业安全水平的提高。和安全培训理念类似,安全会议需求程度越高,证明安全会议效果越好,安全会议就越有效。

（18）安全制度的形成

安全管理制度是将国家各项法律规定在企业内部细化和延伸,其存在是为了便于将企业提倡的安全理念转化为具体的行为要求。因此安全管理制度的形成需遵守科学性、可行性和现实性三个原则。安全制度的实施效果与安全制度的形成过程密切相关,所以安全制度不仅要系统、明确地写成文件形式,还要通过各种方式加深员工对制度内容的理解,让安全制度内化于心,才能达到应有的作用和效果。反之,不成文的安全制度不能称其为安全制度,而且无法保证执行的一致性。

（19）安全制度的执行

判断一个企业安全管理的好坏,关键看其安全制度的执行情况。为确保安全制度的有效执行,需要注意以下四点:一是制度的制定争取全员参与,制度的落实管理层要起榜样作用;二是制度的制定要科学合理,满足劳动者的安全需求;三是营造自觉遵守制度的氛围;四是建立制度反馈机制,及时修正不合理、不适用的缺陷制度。

（20）事故调查类型

根据事故三角形原理(安全累积原理),不严重的事故发生次数越多就预示着严重的事故即将发生,所以一切事故都应被调查。调查小事故,是为了减少事故发生的次数,从而降低重大事故的发生概率。当然,事故调查的目的是预防事故,而并不仅仅是追究责任人的责任。因此,一些企业仅仅调查大事故,忽略小事故和无伤亡事故的做法是不可取的,应该纠正。

（21）安全检查类型的认识

组织识别、发现不安全因素,查找、消除事故隐患都是通过日常安全检查来实现的。根据检查对象、要求、时间的不同,可分为定期、非定期检查。实施安全检查的目的是通过检查增强劳动者的安全意识,促进企业对劳动保护和安全生产方针政策法规的贯彻落实,解决工作环境、作业方式、机器装备中存在的隐患和问题,有利于改善企业的生产条件和作业环境,预防伤亡事故的发生。因此,通过安全检查可以把握企业的安全生产状况,及时发现生产不安全动作和不安全状态,以便采取措施及时纠正,确保企业生产正常进行。

（22）受伤员工需要关爱

员工是企业生产的主体,企业对员工而言不仅仅是凭借劳动获取经济收入的地方,更是实现自我价值的场所,因此,不论员工受伤与否都应关心尊重他们,满足他们的情感需求。对于受伤的员工不仅要在患病期间给予关怀,还要根据受伤员工的具体状况安排合适的岗位。人文关怀永远都有益于管理。

（23）业余安全管理

业余安全就是工作时间以外生活中的安全,业余安全管理也应纳入组织安全管理范围。一般来说,企业较多关注的是员工工作安全,认为只要确保员工在工作时间不出事故其他的无所谓。这种观点是不正确的,这是企业还没意识到员工安全的重要性是不分时间地点的,而且业余安全和工作安全是相互影响的,工作中的安全问题会影响到员工生活中的情绪,同样生活中的安全问题也直接影响到员工的工作状态。因此,关注员工安全,核心是提高员工的安全意识,培养其良好的安全习惯,只有员工主观上认识到安全的重要性,懂得自己保护自己,才能真正避免各种场合的失误。

（24）安全业绩的对待

这条理念关注的是企业激励机制问题,有效的激励机制可激发员工的工作动机,调动员工积极性和创造力,使员工致力于完成组织的任务和目标。因此,企业要重视员工对待安全业绩的态度,让员工明白企业安全业绩的提高不仅与自己关注安全、落实安全有关,还是获得经济激励的有效途径之一。

（25）设施满意度

大量研究表明,物的不安全状态是造成事故发生的重要原因之一,企业员工,尤其是一线工人对设施的满意程度是相当重要的。因此,这条理念解决的是物的不安全状态问题,即采用本质安全型设施设备。工作环境中硬件设施设备的完善能够提高企业的安全水平。因此,对设施设备的要求越高,企业的业绩越好。

（26）安全业绩的掌握

这条理念关注的是企业安全业绩的持续发展。也就是说,企业不仅要关注自身的安全状况、安全管理方法和安全业绩状况,还应该关注国内外同行业安全业绩状况好的企业,借鉴他们的安全经验及管理方法,以提高自己的安全管理水平。另外,了解竞争对手的状况,明确竞争对手的优势也是保持良好竞争力的有效途径。

（27）安全业绩与人力资源

该理念关注的是安全业绩在人力资源管理的具体体现,主要表现在员工招聘和晋升两方面。招聘员工时需考虑新入职员工的安全知识水平,晋升员工时需考虑员工对企业安全业绩所做出的贡献,这样做既提高了企业员工整体的安全素质水平,也刺激了安全专业人员和其他人员做好安全工作的积极性。

（28）子公司与合同单位安全管理

安全管理工作要体现整体性和统一性，因此，子公司与合同单位的安全管理工作同样应该引起总公司的重视，应该加强统一管理，并承担相应的责任。

（29）安全组织的作用

企业的安全管理除了借助直线管理部门、安全管理部门等"正规"安全管理系统的力量外，还可依靠企业内的业余安全组织，我国"党、政、工、团"的齐抓共管实际上就是"正规"安全管理系统和辅助安全管理系统相结合的一种方式。

（30）安全部门的工作

企业内每个部门的存在都有其明确的职能，安全部门与企业的安全生产息息相关，因此，安全部门要充分发挥自己顾问、组织、协调的作用，监督和指导各生产部门负责和落实安全制度，其他职能部门应为本部门的安全负责。

（31）总体安全期望值

该理念关注的是安全目标与安全期望之间的关系。一般来说，企业设置的安全目标是"符合"安全生产相关法律法规，达到法规要求即可，对安全业绩没有较高的安全期望。倘若企业期待更好的安全业绩，那么在实际生产中会以高标准制定安全目标并为之努力，此时企业的安全期望值就提高了。所以，要提升企业的安全水平，就必须有更高的安全期望值，制定更高的安全目标。

（32）应急能力

应急能力是组织应急管理工作质量的集中体现，应当给予充分重视。可以通过日常的安全培训和演练来提高员工面对突发事件的应急能力。

（33）安全激励

激励是企业管理不可缺少的有效手段之一，安全激励是一种以物质激励方式或精神激励方式来保证安全结果的重要方法，是指在一个组织内部，为保障组织运行在可接受的安全水平之内，综合运用管理学、心理学、经济学等现代科学的原理与方法，以预防事故和控制损失为目的，对组织内的人群施以合理的刺激手段，或满足其经济需要，或满足其精神需求，从而增强其安全行为的内在动力，引导并控制其行为符合安全法规，促使个体目标与组织安全管理目标相一致，最终实现组织整体安全管理目标。

（34）工作环境

工作环境主要是指员工日常工作的物理环境。将工作环境纳入安全文化元素，主要是让员工对所处物理环境的安全性进行风险识别，做好工作环境的定置管理，上岗前进行环境的风险识别。

（35）安全沟通

主要是在各层级之间建立沟通的渠道和空间，使管理层能够倾听员工对改善安全的建议，也可以保证员工对安全问题的咨询能够得到企业中权威人士的解答，还可以在员工之间就安全问题展开讨论，如怎样检查、如何处理安全隐患、如何做到预防事故等。

（36）安全知识

安全知识的掌握有助于企业进行安全管理，告诉员工事故是如何发生的，哪些方法可以避免或降低事故发生的几率,面对突发事故如何进行自救及急救是降低事故损失的有效方法。

六、安全文化的原则与意义

(一)安全文化的原则

企业安全文化建设应遵循以下原则。

1. 实用性原则

企业安全文化具有实践性,企业安全文化通过影响人的行为,进而对企业的安全生产绩效产生影响,因此,企业安全文化建设效果的好坏并不是通过企业的安全观念有多先进来衡量,也不是通过企业安全文化建设的形式有多花哨来衡量,而是通过企业内职工的行为是否发生根本性变化,安全生产绩效是否发生好转来衡量。这里的安全生产绩效并非只是某段时间内少发生事故,而是在事故预防上各种措施的有效性和完备性,因为事故的发生具有偶然性和统计性规律。安全文化本身并非什么新鲜事物,只是将以前已经存在的东西进行归纳,再认知,并将这一认知结果运用到实践中,有目的的建设安全文化,为企业安全生产服务。因此,应将企业安全文化建设置于企业的整个安全生产系统中进行考察和研究,以是否改善企业的安全生产绩效为检验安全文化建设好坏的标准,而不应做表面文章,走形式、走过场。

2. 理论联系实际的原则

企业安全文化建设需要在实践中探讨,通过实践进行检验,但也离不开理论的指导,这样才能提高企业安全文化建设的效能。企业安全文化建设必须要结合国情和地区特点,要结合行业特色以及企业状况,同时还要结合社会历史及潮流。各种企业的安全文化应该具有统一性,同时还要具有多样性。

3. 以人为本的原则

人是企业安全生产中最活跃、最能动的因素,人是事故发生的初始触发危险源,人的行为不但能改变系统能量的原有平衡,触发事故,同时也能建立或破坏事故触发链条,因此,人的行为对企业预防事故具有根本性影响,企业的安全生产需要依靠企业内的每个人,需要调动每个人的积极性和主动性,因此要尊重人、重视人。同时,人是世界的主宰和根本,企业安全生产不仅是为了企业主也为了企业内每个雇员,这就要求要了解人的需要、尊重人的需要,认识人的规律和特点并遵循它。也就是说,企业安全文化建设既要围绕人去做文章,又要遵照规律,服务于人,减少对人的束缚。

(二)安全文化的意义

1. 理论意义

(1)开展安全文化建设方法研究丰富了安全文化理论体系以及安全管理学的相关成果。我国的安全文化理论研究处于起步阶段,在安全文化建设方法研究方面缺乏系统的理论研究成果,本研究在探索安全文化的本质和定义的基础上,对安全文化测量数据进行中外比较、行业比较以及纵向时间比较研究,全面描述企业安全文化建设的具体途径以及建设效果评价方法,丰富了安全文化的理论和方法研究。

（2）开展安全文化水平测量结果的行业比较以及纵向时间轴比较研究,进一步拓宽了安全文化定量测量的研究范畴。以往研究只关注单个企业或者几个企业,即企业层面的安全文化水平测量数据的分析,较少关注行业层面安全文化水平的测量结果,从纵向时间轴角度对安全文化水平测量数据对比研究几乎没有,本研究通过国内四类行业在安全文化元素得分及安全文化整体情况的比较研究,"十一五"和"十二五"国内安全文化状况的比较研究,进一步拓宽了安全文化定量测量的研究范畴,丰富了安全文化定量测量的理论研究。

2. 实践意义

（1）从国家角度而言,本研究提出的安全文化建设效果评价指标体系及评价方法是对现有国家及地方安全文化示范企业评价标准的有益补充。现有的国家安全文化示范企业评价指标体系的部分分项含义不明确,彼此存在交叉,有呼声要求对评选指标进行改进,而基于"安全文化就是安全理念"提出的安全文化建设效果评价体系可以为示范企业评价标准的完善和改进提供借鉴和参考。此外,本研究还可以在一定程度上解决由于不良安全文化而导致的人为安全事故,减少国家的经济损失,有利于社会的和谐稳定发展。

（2）从企业角度而言,安全文化建设方法的研究不仅可以帮助管理者摸清企业安全文化水平和建设现状,事先了解企业安全管理问题的所在,及早采取措施解决安全问题,减少以往事故发生之后所采取的事后控制而付出的成本,还可以为企业安全文化建设指明具体的建设内容和方向,帮助管理者在实际管理活动中更好地开展安全文化建设活动。

第二章　安全理念文化篇

一、总体国家安全观

（一）总体国家安全观的总纲

党的十八大以来，以习近平同志为核心的中国共产党领导集体应对国家安全面临的新形势和新挑战，统筹了国内和国外两个大局，提出了总体国家安全观。总体国家安全观总纲是以人民安全为宗旨，以政治安全为根本，以经济安全为基础，以军事、文化、社会安全为保障，以促进国际安全为依托的新国家安全观。总体国家安全观总纲的提出，不仅对我国国家安全观有着创新发展的作用，同时也是我国国家安全具体实践的科学指导。

1. 以人民安全为宗旨

习近平总书记强调："国家安全工作归根结底是保障人民利益，为群众安居乐业提供坚强保障"。人民安全作为国家安全的力量、根基与血液，是总体国家安全观的宗旨。国家安全的根本保障就是人民安全。历史唯物主义理论认为人民群众不仅是历史的创造者，更是社会变革的根本力量。因此，只有确保人民的安全，才能够保障国家的安全。在人民安全中，生命财产安全是其首要的内容。因而，为确保人民安全，应将维护人民生命安全和财产安全与依法治国统一起来，并注重法律法规的完善，进而确保人民生命财产安全被侵犯时有法可依。伴随人们生活水平的提升，人民安全的内容获得了进一步的拓展，其不仅涉及食品安全、药品安全，而且还涉及网络安全等等。为此，应加大对人民所关注的安全问题，如食品安全、网络安全等，以法律的形式进行完善。为进一步推动国家安全，还应始终坚持从群众中来到群众中去的工作方针，进而为人民提供更加优质的服务。除此之外，还应坚持以经济建设为中心，大力发展生产力。这是人民安全的重要物质基础。为此，可通过深化改革以解决一些制度上的问题，如以机会公平、权利公平以及规则公平等作为主旨的社会保障体系等，进而促使全体人民实现向小康社会的迈进。

2. 以政治安全为根本

政治安全是根本，同时也是核心。不仅如此，政治安全还是国家安全的根本标志。在全球化逐渐深入的背景下，我国的政治安全也面临一定的挑战。具体而言，我们所面临的挑战主要包括政治认同挑战、宗教政治渗透活动带来的威胁、经济活动政治化威胁以及非传统政治安全因素增加而带来的威胁等。其中，由于国外文化元素的渗透，国内价值观念的多元化发展趋势，导致政治认同挑战逐渐加剧。另外，随着我国的日益崛起,西方国家反华的倾向也日益明显,他们利用宗教渗透等方式,将西方政治文化和理念传播到中国,从而实施政治渗透,进而对我国的政治安全产生了一定的威胁。经济活动政治化,如通过调整对华的经济政策,进而影响我国政治走向,这带来的危险也日益严重。非法移民、恐怖主义、贩毒以及互联网不合理利用等问题也对国家的政治安全产生了一定的威胁。为进一步确保我国的政治安全,应进一步推进协商民主广泛多层制度化的发展,应对爱国统一战线进行巩固,应继续推进中国共产党的建设工作并加强反腐败建设等。除此之外,还应积极开展群众路线活动,并注重提高干部的思想意识。

3. 以经济安全为基础

总体国家安全观将经济安全作为基础,这主要是由于目前我国依然处于社会主义初级阶段,为实现中华民族伟大复兴的中国梦,离不开经济这一物质基础。因而,经济安全是基础保障。我国作为一个发展中国家,所面临的贫困化是最为严重的一种不安全。大部分发展中国家内部诸多矛盾的激化,其最为根本且主要的原因就是贫困化。

伴随经济全球化的日益推进,加之国内外形势的影响,我国经济安全主要面临以下威胁:第一,自然资源对外的依赖程度日益加深。我国作为一个人口大国,其资源消耗速度较快,且人均占有率极少。在自然资源日益枯竭的今天,主动权获取更加困难。第二,科技人才外流严重且对国际高科技的依赖性日益加剧。科技人才流失对于经济发展有极大且深远的影响。第三,农业安全和粮食安全面临极大的挑战。人口老龄化的加剧,不仅导致劳动力缺乏,而且还增加了社会负担。

总之,在诸多因素的影响下,经济安全面临诸多的威胁。为此,可通过完善社会主义基本经济制度、发展教育事业、注重创新型国家的建设、采取循环经济发展模式等,加强经济安全。其中,在经济制度方面,除了坚持公有制的主体地位外,还应加大对非公有制经济的支持,并建立健全社会信用体系,完善财税体制等,以推动经济安全。在教育事业发展方面,要加大对科技人才、科研人员的投入,以培养科技领军人才等。在建设创新型国家方面,应依托科技水平,提高生产率。总之,为实现经济安全,应从多个角度着手。

4. 以军事、文化、社会安全为保障

为实现国家的总体安全,需要来自多个领域的支持。其中,军事安全、文化安全以及社会安全是保障国家总体安全实现的重要保障。军事安全不仅仅是总体国家安全体系的一个重要组成部分,更是其他领域安全的重要保障。文化安全则是一个国家和民族发展的最基本且持久的力量。社会安全是重要的内容,它对于国家总体安全的实现有重要的推动作用。

在军事安全方面,应坚持走具有中国特色的强军之路。为此,应构建具有中国特色的现代化的军事力量体系。然而,面对复杂且多变的国际和国内形势,我国的军事安全依然面临一定的挑战。在总体国家安全观的指导下,军事安全的根本是铸牢军魂,以打造出一支听党指挥且拥有优良作风的人民军队。另外,还应加强军队武器装备的现代化,有选择且有侧重地进行装备改造,并充分利用世界上最先进的技术加大对新式武器的研发力度。除此之外,军民融合也是强军的一个重要战略举措,如组建退役军人事务部、注重服务保障体系建设等等。

在文化安全方面,应坚定文化自信。文化作为软实力,近年来竞争也日益激烈。目前,一些大国利用现代化的信息手段,将西方的价值观念、语言文字以及生活方式等逐渐渗透到我国,进而在一定程度上影响了我国的文化安全。文化安全的实现与文化的发展繁荣是密不可分的。因此,应对文化安全的重要性给予重视,同时提高文化的创新力。与此同时,还应加大对文化产业的支持力度等。

在社会安全方面,党的十八大对社会和谐赋予了新的含义,即将社会安全工作的范围从打击犯罪以及维护社会稳定,拓展至经济、政治和文化安全领域。社会安全能够直接反映出人民的幸福感。随着人们生活水平的提升,其对于社会安全更是提出了新的要求,除了上述要求外,还要求生命财产安全、食品安全、出行安全以及网络安全等。在新时期,社会安全也面临一定的挑战,如网络公共安全问题日益突出、信任危机加剧等等,这极大地威胁了社会安全。为此,可促进社会网络法制化建设的水平,实施健康中国战略,以及稳定就业趋势并提高就业质量等等。

5. 以促进国际安全为依托

对于国家安全而言,国际安全是最为重要的外部支撑力量,因此,总体国家安全观的一个目标就是以促进国际安全为依托。为实现这一目标,它的前提是坚持独立自主的和平外交政策,走和平发展道路,将自身安全与国际安全统筹,通过确保国际和平的方式以保证自身的安全,并打造世界安全共同体,建立共同维护以联合国为核心的国际安全合作体系,进而共同推动持久、和平、和谐和共同繁荣的世界的建设。其中,走和平发展道路是中国共产党结合时代发展趋势和潮流以及我国根本利益做出的战略决策。统筹国内和国际两个大局,是夯实这一发展道路的基石。大国关系作为国际关系的重要组成部分,新型大国关系的构建对于促进国际安全有重要的意义。

新型大国关系是我国近年来提出的外交新话语,是为了重新定位新时期我国与其他大国的关系而提出的,其内涵主要包括以下三个方面:第一,采用非对抗方式,如合作对话等,以对大国之间存在的矛盾和分歧进行处理;第二,尊重两国人民所选择的社会制度和发展道路;第三,求同存异,摒弃零和思维,实现合作共赢。在促进国际安全方面,还提出了亚洲新安全观。这一安全观的提出,是基于目前亚洲周边地区国际形势而提出的。亚洲新安全观的核心观点是共同、综合、合作以及可持续。除此之外,习近平总书记还指出我国将继续坚持对外开放这一基本国策,并进一步推进“一带一路”沿线国家的合作与交流,进而为国际合作创造更加开放和广阔的新平台。与此同时,还将继续加大对欠发达国家的扶持力度,以进一步缩小贫富差距,从而实现共同发展,促进国际安全。

（二）总体国家安全观的特点

1. 时代性

总体国家安全观具有时代性。时代性主要是指总体国家安全观的背景以及发展等均是在和平与发展这一时代主题和潮流下提出的。正是由于总体国家安全观的这一特点,因而决定了其与革命时代、战争时代的安全观均是不同的,这一安全观具有与时俱进的特点。与此同时,总体国家安全观的时代性还体现了一种与时俱进的发展观,也就是根据国内、国际形势的变化而进行适时调整和优化。目前,国际和国内还存在诸多的不安全因素,并且呈现逐渐增多的趋势。从国际的角度来说,暴力活动依然猖獗,别国干涉我国领土以及领空的现象增加。从国内的角度来说,我国面临网络信息安全、分裂势力等。在诸多不安全因素的影响下,总体国家安全观准确把握了我国国内安全环境发生的重大变化和国际安全形势的发展变化趋势,并以全新的目标力求应对复杂的国际安全局势的挑战,回应了世界各国对共同安全的关切。

2. 人本性

人本性是指将人放在突出地位,保障人的安全与利益。从国家安全的角度来讲,国家安全以及国民安全之间存在着非常紧密的联系,在国家安全中包含了国民安全,国民安全也直接影响着国家安全,但国家的安全与否无法直接让国民安全得到保障。传统安全观念认为,若是可以对国家安全加以保障,就可以确保国民利益不会受到伤害,这也就表明理论仍然偏向于国家安全,并没有突出人的地位。在国家安全中国民安全应是基础,只有国民的安全得到了保障,国家在内部才是安全的,这也就说明国家安全应该朝着人的安全的方向发展,将维护国民财产安全和人身安全作为出发点,从细节方面入手,完成最后的设计目标,这一点在总体国家安全观中得到了体现。2014 年 4 月 15日,习近平总书记在中央国家安全委员会第一次会议上首次将国民安全作为国家安全的宗旨,突出强调应对国民安全给予重视,同时,习近平总书记还强调人民对美好生活的向往是中国共产党奋斗的目标。在这一观念的指导下,我国对人的生存环境、饮食结构与安全等问题都给予了重视与关注,并大力整改相关产业与部门。这些均体现出总体国家安全观的根本目标在于权为民所用、情为民所系、利为民所谋,都与以人为本的理念相符,因而具有人本性。

3. 哲学性

总体国家安全观还具有哲学性。哲学性主要体现在普遍性、联系性,以及两点论与重点论的统一中。普遍性不仅在总体国家安全观的形式上体现出了这一特点,而且还在内容上体现出了这一特点。从形式这一角度来说,打造了命运共同体,即将内外部安全进行联系,将自身安全与共同安全进行联系。从内容这一角度来说,将传统安全和非传统安全联系起来,对人类所面临的共同的国家安全问题给予了关注,因而具有较强的普遍性。联系性主要是指这一安全观共涉及 11 个领域,如政治、经济、国土、军事、生态、国民、文化、信息、科技、资源以及核安全,各个领域构成了一个整体的国家安全体系。不同领域间相互影响、相互作用、相互联系,构成了一个不可分割的整体。总体国家安全观既强调内外部安全,又在 11 个领域中指出了何为目标,何为基础,何为保障,这体现了两点论与重点论的统一。

(三)总体国家安全观的五对关系

党的二十大报告指出:"统筹外部安全和内部安全、国土安全和国民安全、传统安全和非传统安全、自身安全和共同安全,统筹维护和塑造国家安全"。统筹好这"五对关系",出色运用了马克思主义辩证思维,是总体国家安全观的重大特色。

1. 统筹外部安全和内部安全

总体国家安全观汲取了马克思主义内因和外因辩证关系精华,提出要统筹外部安全和内部安全。单一的外部因素或内部因素的影响,不会致使某一安全问题的产生,同样通过单一的外部手段或内部手段,任何安全问题也都无法得以解决。2014 年 4 月 15 日,习近平总书记在中央国家安全委员会第一次会议上提出:"贯彻落实总体国家安全观,必须既重视外部安全,又重视内部安全,对内求发展、求变革、求稳定、建设平安中国,对外求和平、求合作、求共赢、建设和谐世界"。中国的安全稳定发展离不开世界,世界的安定和谐进步一样离不开中国。任何一个国家动荡都会沿着全球化的网络蔓延至全世界,没有哪个国家可以创造一个对其来说绝对安全的环境,也没有谁能在他国动荡不定的条件下独善其身。鉴于此,必须超越旧的安全思维方式,既重视外部安全又重视内部安全,为国家的发展创造良好的外部及内部环境。

2. 统筹国土安全和国民安全

在传统安全观中,国土安全被视为国家安全的重中之重,并未完全突出国民安全的主体性地位,事实上两者具有很强的联动性。"覆巢之下,焉有完卵",国土安全面临挑战,就无法保障国民安全。近代以来到中华人民共和国成立之前,国土安全屡屡遭受侵犯,全国人民处在水深火热之中,根本无安全可言。同样,如国家安全工作不是为保障人民安全而服务,就必然动摇国家执政的根本。民心是最大的政治,国家安全工作不为人民,那也得不到人民的拥护和支持,各种形式的国土安全威胁就会频频发生。总体国家安全观坚持统筹国土安全和国民安全,在强调国土安全举足轻重的同时,又突出国民安全在国家安全体系中的核心地位,时刻强调国家安全工作为了人民;既以国土安全作为国民安全的保障,又发挥人民群众的作用,团结一切可以团结的力量,构筑坚如磐石的国家安全人民防线。

3. 统筹传统安全和非传统安全

传统安全主要是与政治、军事等密切相关的安全,非传统安全则是新型领域的安全,如生物安全、粮食安全等。如今,传统安全和非传统安全相互交织,界限模糊,如由国土之争导致战争等传统安全问题,可能会引发粮食短缺、疾病多发等非传统安全问题;同样,各国如抢夺能源资源而采取军事行动,就由非传统安全问题转化为传统安全问题。鉴于此,习近平总书记强调:"既重视传统安全,又重视非传统安全。"总体国家安全观既包含国土安全等传统安全领域,又涉及金融、能源、生物、网络、核安全等在内的非传统安全领域,国家安全工作彰显出了鲜明的全面性和系统性。

4. 统筹自身安全和共同安全

随着全球化、信息化深入发展,世界各国处于一个命运共同体中,没有哪一个国家关上门来就能实现绝对安全,也没有哪一个国家能在他国动乱不堪的情况下实现稳定发展。"要倡导共同、综合、合作、可持续安全的新理念。"在世界安全的大棋局中,应遵循"木桶原理",一个国家出现安全问题或短板,就极易形成风险洼地,对全球安全产生不利的影响。因此,要走共建共享的安全新路,各国不仅要坚持在全球发展上成为参与者、贡献者和受益者,在各国共同安全面前更应如此。要坚持个性和共性的统一,既重视每个国家安全的特殊性,尊重和保障每一个国家的安全;又关注共同安全的普遍性,解决好世界共同面临的安全问题。

5.统筹维护和塑造国家安全

在面对诸多安全隐患时,"维护"主要是针对其做出对应的防御措施,而"塑造"则是在充分发挥主观能动性基础上,以居安思危、主动担当的意识来积极应对国家安全问题。维护是塑造的前提,塑造则是在发挥主观能动性的基础上,以实现更高层次、更持久的维护,强调要牢牢把握维护国家安全的主动权。塑造国家安全是我国国家安全战略的转变,要由被动转为主动,摒弃过去被动式地维护国家安全,积极主动地来运筹国家安全。因此,必须坚持统筹维护和塑造国家安全,确保"塑造"国家安全纵深推进,实现国家长治久安。

(四)总体国家安全观的现实做法

1.加快构建新安全格局

在党的二十大报告中,习近平总书记强调:"以新安全格局保障新发展格局"。立足新发展阶段,党做出了构建新安全格局的重要战略决策,只有加快构建新安全格局,才能更好地贯彻新发展理念,为实现高质量发展提供重要保障。新安全格局讲求以一种全新的安全格局来为国家发展保驾护航,特别强调要利用科技赋能,将其作为重要支撑,同时要构建大安全大应急框架。要灵活运用大数据、云计算等新兴科学技术,及时获取灾害信息,同时增强预报预测的精准度,做出风险评估,提升应急通信与保障能力,以实现防灾减灾救灾最大化。要不断加强国家区域应急力量建设,强化应急处置预案和物资储备管理,提升救灾补给和装备统筹保障能力,从而真正做到以新安全格局来保障新发展格局,不断推进高质量发展,建成社会主义现代化强国。

2.提高防范化解重大风险的能力

习近平总书记强调:"各种风险我们都要防控,但重点要防控那些可能迟滞或中断中华民族伟大复兴进程的全局性风险。"以中国式现代化全面推进中华民族伟大复兴,是我国目前的中心任务。要保证这一伟大进程不被干扰或破坏,就要重点防控重大风险,提高化解重大风险的能力。世界现代化历史表明,"中等收入陷阱"和"修昔底德陷阱"都是推进中国式现代化进程中无法回避的,习近平总书记也在不同的场合多次强调要注意跨越这两个陷阱,确保发展的进程不被中断。因此,要坚持以总体国家安全观为行动指南,避免重大风险的出现,为实现中华民族伟大复兴创造稳定、安宁的国际国内环境,为以中国式现代化全面推进中华民族伟大复兴保驾护航。

3.不断提升人民群众的安全感和幸福感

传统意义上,人民对安全的需求即为保障生命财产安全,如今其内涵和外延不断扩展。就如饮食方面,人们的需求已经由"吃得饱、吃得好"向"吃得安心、放心"转变。要满足人民多样化的安全需求,就必须主动识变应变求变,打破僵化思维,既防"黑天鹅"又防"灰犀牛",关注社会民生,解决好就业难、买房难等问题,加强社会治理,不断提升执法能力和水平,大力发扬新时代"枫桥经验",将矛盾化解在源头,继续优化生态环境和居民生活环境,提高保护个人信息的能力,营造风清气正的网络氛围,着力解决人民群众最关心最直接最现实的安全问题,真正满足人民安业、安居、安康、安心等方面的需求,不断提升人民群众的安全感和幸福感。

二、发电行业安全理念

(一)发电行业的企业文化建设规划

发电企业在建设企业文化的过程中,注重建立以创新、发展为核心的价值观,把以人为本、清洁生产、节约资源、保护环境与可持续发展等先进科学理念渗透在经营管理中,不断地引进先进的科学管理方法,调动并整合各个经营管理环节的积极因素,提高发展质量,谋求长远发展的现代企业文化,实现企业的永续经营与可持续发展。

1. 坚持以人为本,推动全面发展

人是企业经营活动的第一要素,文化应以人为载体,脱离员工的文化建设最终会流于形式。建设以人为本的文化氛围,全体员工形成共同的价值观念,才能成为一个具有战斗力的群体。

2. 弘扬文化传承,倡导创新发展

企业的文化建设是一项革新工作,而不是革命工作,在弘扬优良传统的基础上,通过改革创新,引导企业文化向有利于经营发展的方向组织建设,形成思想凝聚力、工作凝聚力。

3. 以持续创造效益为工作导向

发电企业是一个特殊的责任主体,承担着国家和地方社会责任,在用电高峰期,必须不计代价地全力以赴保供电、保经济;同时,发电企业也是经营主体,独立核算,自主发展。创造效益和发展是企业生存的基本目标,所以,企业文化建设必须围绕这个目标规划和设计,从而保障企业的管理人员与基础员工目标的一致性。

4. 以服务发展战略为长期目标

战略目标和企业文化的作用是相互的,战略目标的实施推动着企业文化的发展。想要确保文化建设服务于发展战略,就要围绕企业战略制定系统的、操作性比较强的企业文化实施计划,这样企业文化也能在服务的过程中得到发挥和升华。

(二)发电行业思想文化建设对发电企业创新发展的作用

1. 发挥导向作用

企业文化建设虽然服务于企业的长期战略规划,同时,企业文化也规范、约束和引导企业的经营管理工作,其引导作用是隐形的、深入人心的。企业文化对企业整体和企业成员的价值及行为取向起引导作用。首先是对企业成员个体的思想和行为起导向作用,通过企业文化建设的长期规划和逐步引导,促使员工的日常行为规范由"约束性"变为"自觉性";二是对企业的价值取向和经营理念起导向作用,优秀的企业文化能够帮助企业根据国家战略、外界环境、自身资源等因素,及时理清思路,确定长期发展战略目标、中期发展规划、短期工作安排。

2. 统一思想,提高认识

企业文化是促进企业长期健康发展的思想文化指南。企业文化体现了员工对发电企业工作的认识、对未来企业发展规划的了解,是全体员工思想态度的高度凝练,对于增加企业的向心凝聚力具有重要的作用。通过加强员工的思想文化教育,使员工充分理解企业的生产理念、发展方针,激励员工充分发挥自身的岗位职责作用,积极投身于企业的创新发展工作中,帮助员工建立起适合自己发展的职业规划,保证其职业道路的科学性与目的性。

3. 增强归属感,激发员工工作积极性和创造性

员工是企业生存发展的动力和资本,员工与企业的关系应该是相互促进、共同发展的良性互动,企业的文化建设应以人为本,建立适宜企业自身生存和发展的企业文化,提高企业的凝聚力、向心力,增加员工的归属感。在企业成长、进步的过程中,吸引人才、留住人才,充分发挥人才的工作积极性和创造性,企业才能更好地生存发展,更加具有生机和活力。

4. 助推企业管理升级

企业文化建设可以有效提升发电企业管理能力,表现在以下几个方面:一是推动创新管理模式。良好的企业文化可以增强员工与企业之间的凝聚力,激励员工爱岗敬业,为企业发展贡献力量,将企业发展与个人发展相互融合,从而在企业管理中发挥积极的导向作用,推动企业创新管理模式。二是激发企业发展动能。在良好的企业文化作用下,有助于企业在管理方面形成完整和系统的管理标准,并树立良好的企业形象。建设企业文化,应根据当前社会发展趋势,策划企业的发展目标,抓住其中适合企业管理和发展的关键点,作为企业文化构建的重要依据,为企业发展提供持续的动能。三是提升协作能力。建立以人为本的文化氛围,倡导以创造效益为目标的文化导向,规划服务于发展战略的文化目标,易于形成企业强大的"文化力",使员工从企业利益共同体转变为事业共同体、命运共同体。四是筑造风险防范底线。企业文化建设首先是倡导规范,在长期的引导和约束下,逐步确立合规的理念、倡导合规的风气、营造合规的氛围,员工形成自觉底线意识,保证企业良好的经营软环境,有效控制企业生产经营风险。

三、公司安全理念

(一)核心安全理念

核心安全理念是企业安全生产管理的基石。核心安全理念强调以风险预控为核心,所有风险都可以被控制,所有意外都是可以预防和避免的。这种理念的本质在于,安全生产事故的发生并非不可预知,而是可以通过科学的管理手段加以预防和控制。通过对潜在危险因素的早期识别和有效管控,企业能够显著降低事故发生的概率,确保

生产过程中的安全性。

首先，以风险预控为核心的理念是基于"事前预防、事中控制、事后改进"的系统化管理思路。在传统的安全管理模式中，往往是等到事故发生后才进行处理，事后追责和改进虽然重要，但已经无法挽回事故对人员、财产和环境造成的损失。因此，企业需要从被动处理事故的模式转变为主动防范和风险预控的模式。通过建立危险源辨识和风险评估机制，企业可以在生产活动开始之前就识别出潜在的安全隐患，进行有效的风险管理。

危险源辨识是这一理念的重要组成部分。危险源是指任何可能导致伤害、损失或损害的潜在因素或条件。通过对危险源进行详细的辨识和分析，企业可以了解生产过程中的潜在威胁，并制定针对性的措施，防止危险源转化为实际的事故隐患。这一过程不仅包括对机械设备的物理危险源进行辨识，还应涵盖操作流程中的人为因素、环境因素以及管理上的疏漏等。全面的危险源辨识可以为风险评估提供基础数据，确保企业能够从多个维度掌握生产中的安全风险。

其次，风险评估是风险预控理念中的另一核心环节。风险评估通过定量和定性分析的方法，对识别出的危险源进行评估和分级，确定其发生的可能性和影响的严重程度。在此基础上，企业可以针对高风险环节优先采取控制措施，确保将风险控制在可接受的范围内。风险评估不仅要覆盖日常的生产作业，还应包括应急情况下的风险管理，确保企业在面对突发事件时能够迅速响应和应对。

基于危险源辨识和风险评估的双重预防机制，企业可以有效实施安全风险管控和隐患排查治理。安全风险管控是对评估结果的落实过程，企业应根据不同级别的风险制定相应的管控措施，包括技术改进、人员培训、应急预案等手段。同时，隐患排查治理则是确保生产过程中潜在的隐患被及时发现和消除。隐患的存在往往是安全事故发生的根本原因，定期的隐患排查和及时整改能够有效避免风险升级为安全事故。

总之，以风险预控为核心的安全理念，推动了企业从"事后处理"向"事中控制"和"事前预防"转变。这种管理模式不仅能有效防范和化解安全生产中的重大风险，降低事故发生的可能性，还能提高企业的整体安全管理水平，保障员工的生命安全和生产环境的持续稳定。这一理念的实施需要企业全员参与，建立起完善的安全生产责任体系，从上至下形成安全生产的文化和意识，确保生产安全工作长效开展。

（二）安全价值观

习近平总书记指出："安全是发展的前提，发展是安全的保障，安全和发展要同步推进"。杜邦公司始终致力于利用科学技术，引领企业发展变革，创造可持续发展的安全文化，让工作场所更安全，生产更高效，让全球各地的人们生活得更美好、更安全和更健康。企业的安全价值观强调管安全必须从领导开始、管安全必须强化执行力、管安全必须抓细节、管安全必须管文化。

1. 管安全必须从领导开始

领导干部要以身作则，率先垂范，提升自己的自我管理能力。领导者的"做"永远比"说"更重要，在企业管理过程中形成对企业安全承诺并认真履行，做好企业发展的奠基石。安全文化体系建设必须从高层领导开始,企业员工的行为总是受到高层领导的影响,甚至演化为一种工作共振。高层领导在工作中要以身作则,模范带头,言行一致。领导对安全文化建设的认识是构建企业安全文化的关键,也是安全文化得以开展的重要一环。在杜邦公司,领导层要做到"直线管理",企业领导重视安全不仅从观念层面改变了员工对事故和隐患的认知,而且从制度层面、技术层面、管理层面,都强化了安全保障,筑牢了安全生产防线。要将杜邦安全文化、安全原则和安全价值根植于领导的思想中,使各级领导成为企业安全文化的倡导者和执行者。要求各级领导要"看到、听到、体验到"自己对安全的承诺,要不定期的下基层检查,做到一级对一级负责,齐心合力才能筑牢安全根基,做到"安全有感领导"。

2. 管安全必须强化执行力

执行力是贯彻领导战略意图,落实领导工作安排,完成预定目标的操作能力。企业执行力是把企业战略、企业规划转化为经济效益的关键。例如,杜邦公司用安全文化体系和不折不扣的执行力,高质量地输出安全文化,不断诠释着安全文化理念,力求达到"零伤害、零疾病、零事故"的目标,杜邦公司执行力已经渗透进员工日常工作与生活中。企业执行力优劣直接反映企业的管理水平,决定企业的成败。安全文化的实现必须依靠强有力的执行力,安全生产最大的短板就是没有认真地执行公司的规定,从而导致安全文化的断层。安全文化的建立必须建立科学的执行体系,做到严密实施,严格落实,严于律己,离开了执行力,再好的政策与制度也是一纸空文。要用铁的手腕抓安全生产,把"安全是被雇佣的条件"作为用人标准,做到制度管理与文化管理相结合,使员工遵章守纪、公司奖惩分明,防止执行力层层衰减,在杜邦公司的启示下形成有效的安全执行力文化。

3. 管安全必须抓细节

"细节决定成败",中国古人说:"不积跬步无以至千里,不积小流无以成江海",精辟地指出了要获得成功,就要从我们身边的小事做起的道理,从杜邦公司的发展历程我们可以发现,重视安全细节不仅是企业对社会、对员工所承担的责任,更是企业发展的动力。比如在杜邦公司,各种安全标识随处可见,如"上下楼梯请用扶手""笔尖朝下可以避免扎伤人""厂区内请勿奔跑"等等。杜邦公司之所以有"不可思议"的细节规定,是因为它们都是从血的教训中总结出来的,这种"无微不至"的安全关怀,最大限度地减少了安全事故的发生。如果中国的企业也能像杜邦公司一样,那么,企业的安全生产将会出现一个崭新的局面。

4. 管安全必须管文化

安全文化是安全生产的基石。企业有什么样的安全文化,就会有什么样的安全状态。杜邦安全文化的建立为我国企业发展提供了有益借鉴,拓展了企业安全的新路径,他们把安全视作企业的生命,把安全行为作为安全文化的重点来抓,安全文化深刻地影响着员工的思想,左右着员工的行为。杜邦安全文化的本质就是通过安全文化,改善企业安全品质,提升安全质量。

例如,杜邦公司CEO Chad Holliday得知在巴西的一名员工因事故去世的消息后,立即终止参加在奥兰多举行的"世界工作场所安全管理峰会",返回惠明顿杜邦公司总部,了解事故情况,并在第四天向全球的杜邦公司员工发出电子邮件进行通报。

（三）安全方针

安全方针是企业安全管理的核心指导原则,体现了企业在安全生产工作中的基本理念和目标。具体而言,安全方针包括"以人为本、生命至上、履职尽责、本质安全"四个方面。这四个原则共同构成了安全管理的整体框架,确保企业在生产经营过程中以最高的标准保障员工的安全和健康,并持续提升安全管理水平。

1. 以人为本

"以人为本"是安全管理的核心思想,其根本在于强调人在安全管理中的重要性。这一理念包含两方面的含义。首先,保障人的生命和财产安全是安全管理工作的首要目标。在任何生产活动中,人的生命价值高于一切,任何安全管理措施的制定和实施,最终都应指向对人的安全保障。人的生命安全是一切安全工作的起点和终点,只有确保员工的生命安全,企业才能实现稳定发展。

其次,"以人为本"还体现在对人的管理和要求上。人是安全生产中最为关键的要素,人的行为、决策和执行直接影响安全管理的效果。因此,企业需要通过加强对员工的安全教育、培训和管理,提升其安全意识和操作技能,确保每个员工在工作中都能严格遵守安全规章制度,主动防范安全风险。只有当每位员工都能够自觉履行安全职责时,企业才能真正实现全面的安全管理。

2. 生命至上

"生命至上"是对"以人为本"理念的具体延伸。它要求企业始终将职工的生命安全和身体健康放在工作的首位,建立并坚守"零死亡"的安全生产目标和理念。企业的每一项安全管理措施的制定、每一个安全目标的设定,最终都应服务于职工生命安全的保障。

在这一方针的指导下,企业必须不断完善安全生产条件,创造安全可靠的工作环境。企业应通过技术改进、设备维护、作业环境优化等多种手段,确保员工在安全的条件下工作,避免因生产设施不完善或作业环境不安全而导致的事故发生。此外,企业还需定期开展安全检查和隐患排查,及时发现并消除可能威胁员工安全的因素,为职工的生命安全提供坚实的保障。

3. 履职尽责

安全管理不仅是企业的责任,也是每位员工的职责。企业安全方针中"履职尽责"的理念强调了全员安全责任制的重要性。安全生产必须坚持"党政同责、一岗双责、齐抓共管、失职追责"的原则,确保企业的每个层级、每个部门和每位员工都能够明确自己的安全职责。

具体而言,企业的领导层要承担起全面领导和统筹安全生产的责任,将安全工作作为企业经营管理的重要组成部分。各部门负责人要根据"管行业必须管安全、管业务必须管安全、管生产经营必须管安全"的要求,确保其管辖范围内的安全管理工作得到落实。每位员工也要明确自己的安全职责,做到"明责知责、全员履责"。通过建立全员安全责任机制,企业能够实现安全生产责任的全覆盖,确保每个人都为企业的安全生产贡献力量。

4. 本质安全

"本质安全"是安全管理的最高追求,它意味着通过系统化的安全管理措施,彻底消除或控制一切不安全因素,实现生产过程的全方位安全。本质安全的理念认为"所有风险皆可控制,一切意外皆可避免",企业在生产活动中应采取积极的风险预控措施,确保安全生产。

为实现本质安全,企业需要实施一系列有效的安全管理手段,首先是通过安全风险分级管控来识别和评估生产中的不安全因素,分清轻重缓急,对高风险环节优先采取预防和管控措施。隐患排查治理是确保本质安全的重要手段,企业应定期组织全方位的隐患排查,及时发现和消除潜在的风险和隐患。此外,安全生产标准化是确保本质安全的基础,企业要通过严格的标准化管理和操作规范,提升安全管理的科学性和规范性。

(四)安全目标

安全目标是企业在安全生产工作中明确的具体任务和追求,通过实现这些目标,企业能够有效保障员工的生命健康、设备的正常运行以及环境的可持续发展。企业的安全目标涵盖了多个方面,包括人员安全、设备稳定、消防防控、环保管控、职业健康等内容。通过全方位的管理措施,企业力求在这些关键领域实现"零伤害、零非停、零火险、零通报、零事件、零病例",从而确保安全生产的顺利进行。

1. 人员零伤害

人员零伤害是企业安全管理的首要目标。改善工作环境、规范员工行为是实现这一目标的关键。企业应持续优化工作场所的安全条件,减少危险源的存在,确保每位员工在安全的环境中作业。员工的行为规范是实现零伤害的重要因素,企业应加强安全教育和培训,使每位员工具备较高的安全意识和操作技能,遵守操作规程和安全制度。通过对工作环境和人员行为的双重规范,企业能够最大限度地减少或避免因意外操作、设备故障等因素引发的人员伤害或伤亡事件,确保员工的生命安全。

2. 机组零非停

机组的稳定运行是保障企业生产持续稳定的关键,机组零非停是指确保生产设备无非计划性停机。这一目标要求企业对标能源保供和一流企业标准,积极推进机组隐患的排查和治理,提前发现和解决潜在问题。企业需要通过提升机组性能、加强设备维护,确保设备稳定可靠地运行。在此基础上,通过定期检修、技术改造和精细化管理,企业可以有效避免由于设备故障引发的停机事故,从而实现机组零非停的安全生产目标。这不仅有助于提升企业生产的稳定性,也能够有效提高设备利用率和生产效率。

3. 消防零火险

消防安全是生产安全的重要组成部分,确保消防零火险是企业防控重大安全事故的目标之一。为实现这一目标,企业需要不断增强员工的消防安全意识,并通过扎实的消防培训工作,提升员工应对突发火灾事件的应急处置能力。消防培训工作应包括消防器材的使用、逃生路线的规划以及火灾时的应急响应程序等内容。此外,企业还应定期检查消防设备的完好性,确保其在紧急情况下能够正常使用。通过这些预防措施,企业可以有效防范火情火警的发生,保障员工和企业资产的安全。

4. 保供零通报

保供零通报是指确保企业在电力供应过程中,不发生因电厂自身原因导致的电网通报或停电事件。为实现这一目标,企业必须坚定落实保供责任,确保机组设备在电力需求高峰期能够"应发尽发、稳发满发"。这需要企业在生产计划、设备维护和技术保障上做到精益求精,及时响应电力调度的需求。同时,企业还需保持与电网的紧密沟通,确保生产调度和电网负荷调整的无缝衔接,避免因协调不力或设备问题导致电力供应中断,从而实现保供零通报的目标。

5. 环保零事件

环保零事件是企业在生态环境保护方面追求的核心目标。企业在生产过程中必须严格控制污染物的排放,建立生态环保管控的长效机制。通过编制和实施生态环境指标体系,企业可以对生产过程中产生的污染物进行动态监控和管理,确保所有排放指标符合国家和地方的环保标准。与此同时,企业应积极提升清洁生产和低碳生产水平,探索新的技术手段减少生产过程中对环境的影响。尤其是在当前全球应对气候变化的背景下,企业需按时完成碳排放的承诺,确保不会因环境污染问题引发任何环保事件。

6. 职业病零病例

职业病零病例是企业在员工职业健康保障方面的重要目标。职业病是指因职业活动或工作环境引发的疾病,企业在管理中应持续关注员工的职业健康,改善其工作环境,减少不利因素的影响。强化劳动保护措施是预防职业病的重要手段,企业需要为员工提供符合安全标准的劳动保护装备,并定期进行职业健康检查,及时发现和处理潜在的健康问题。此外,企业还应注重员工的心理健康,通过合理安排工作时间、改善工作条件等措施,减少因工作压力导致的心理疾病。通过全面的职业健康管理,企业能够确保不发生职业健康事件,实现职业病零病例的目标。

(五)安全途径

安全途径是企业实现安全生产目标的重要手段,通过"人机环管 4M 屏障"的构建,企业可以从人员、设备、作业环境和管理行为等多方面入手,形成多层次的安全防线。这四个方面相辅相成,构成了系统化的安全保障体系,确保企业的生产活动始终处于安全可控的状态。

1. 人的屏障(Man)

人员是安全生产的核心要素,人的行为直接关系到安全生产的效果。建立人的屏障,首先需要通过持续的安全培训和教育,提升员工的安全意识和安全操作技能。员工的安全意识决定了他们在工作中的行为是否符合安全规范,安全操作技能则决定了他们在复杂或危险的工作环境中是否能正确操作设备、避免事故。为了确保员工具备足够的安全知识和技能,企业应定期开展针对性的培训,内容涵盖生产规程、安全操作规范、应急处理措施等。

杜绝"三违"(即违章操作、违章指挥、违反劳动纪律)是确保人员操作安全的重要环节。违章行为是导致事故的常见原因,因此企业应通过制度约束和监督机制,严禁员工在工作中违反安全规章制度。企业还应加强安全文化建设,让员工从思想上认识到安全生产的重要性,并自觉遵守各项安全规定。通过不断提升员工的安全意识和操作能力,企业能够有效预防人为因素导致的安全事故,确保人员操作的安全性。

2. 物的屏障(Machine)

设备的安全性和可靠性是生产安全的基础。物的屏障指的是通过设备隐患的排查和治理,提升设备的安全性能,确保其始终处于安全的运行状态。设备故障是许多安全事故的诱因,尤其是在高风险的工业生产领域,设备的运行状态直接影响生产的安全性和效率。因此,企业应建立设备管理体系,定期进行设备的检查、维修和保养,发现隐患及时处理,避免设备在生产过程中出现故障。

此外,企业可以引进新技术和新设备,提升生产自动化水平,减少人工操作环节中可能出现的风险。通过提升设备的自动化、智能化水平,企业能够在减少人员直接参与的同时,提升设备的安全性和运行效率。此外,企业还应确保设备操作人员经过专业培训,能够正确操作设备,防止因操作不当导致的设备损坏和事故发生。通过物的屏障,企业可以确保设备始终处于稳定、可靠的工作状态,减少设备故障引发的安全隐患。

3. 作业环境屏障(Medium)

作业环境是影响安全生产的重要因素之一。作业环境屏障指的是通过安全文明生产标准化建设,创造安全可靠的工作环境和生产条件。作业环境不仅包括物理环境,如生产车间的温度、湿度、照明和通风情况等,还包括作业流程的合理性、设备的布局等。良好的作业环境可以减少人员操作失误,避免不必要的安全风险。

企业在作业环境的管理中,应重视生产区域的规划和设计,确保工作场所整洁有序,物料堆放符合规范,危险区域有明确的警示标识。与此同时,企业应定期进行环境安全检查,及时发现和消除可能危及安全的环境因素,例如漏电、易燃物品堆积、危险气体泄漏等情况。通过对作业环境的优化,企业可以为员工提供更加安全、舒适的工作条件,从而减少由于环境因素导致的事故发生。

4. 管理行为屏障(Management)

管理行为屏障是企业安全管理的制度保障,通过科学管理和持续改进,将安全生产纳入企业日常管理的核心内容。安全生产不仅是技术问题,更是管理问题。企业应建立健全安全生产标准化体系,确保每一个管理环节都有明确的制度规范和责任落实。通过安全生产制度的建设,企业可以将安全责任分解到每个部门、每个岗位,确保各级管理人员和员工都能够清楚自己的安全职责。

此外,安全管理需要不断改进和优化,企业应根据生产实际情况和安全隐患排查结果,持续调整和完善安全管理制度。管理层还应通过定期检查和监督,确保各项安全制度得到严格执行。企业可以引入先进的安全管理工具和理念,如风险评估、隐患排查治理、事故调查和分析等,不断提升安全管理的科学性和规范性。通过管理行为屏障的构建,企业能够确保安全生产管理常态化、制度化,真正做到安全管理可控、有效。

（六）安全原则

安全为天（安全第一）；

安全是一切工作的前提（安全价值）；

先评估风险,再规范作业（风险预控）；

让每一位员工平平安安回家（以人为本）；

每个人是自身安全的第一责任人（安全责任）；

标准化作业是安全生产的基础（标准化）；

接受安全培训是每一位员工的权利和义务（安全教育）；

对不安全行为零容忍（安全态度）；

坚持铁心、铁面、铁规、铁腕的"四铁"精神（安全监察）；

持续改进是我们的工作要求（安全追求）；

承包商队伍的安全同等重要（统一标准）。

第三章 安全制度文化篇

安全制度文化是安全理念文化在管理层面的体现。依据科学化、人本化、标准化、体系化等要求,建立完备的安全管理制度体系,通过安全制度文化的约束和导向,使安全理念文化转变为安全管理行为,以安全制度促使安全文化的形成和提升。安全制度文化体系依据国家安全法律法规和集团各项管理要求而建立,包括安全生产制度体系和运行操作规程、检修作业规程等标准化作业程序文件,是安全理念文化转化成安全行为文化和安全物质文化的纽带,是安全理念文化固化于制度的具体体现。

一、安全文化建设领导小组

永州发电有限公司在安全文化建设方面做出了全面的规划和部署,成立了专门的安全文化建设领导小组,明确了各级领导和部门在安全文化建设中的责任和义务。安全文化是企业管理的重要组成部分,尤其对于电力行业这样一个高风险行业,安全文化不仅关乎员工生命安全,还直接影响到企业的可持续发展。永州发电有限公司通过成立专门的领导小组,保证了公司安全文化建设工作的系统性、规范性和可操作性,为企业的安全生产和健康发展提供了有力保障。

(一)领导小组主要职责

安全文化建设领导小组的职责主要集中在三方面:一是贯彻落实国家、地方及集团公司和湖南公司关于安全文化建设的法律法规和规章制度;二是研究和决定公司在安全文化建设方面的重大决策;三是监督管理公司安全文化建设体系的运行情况。

贯彻落实国家、地方及集团公司关于安全文化建设的法律法规是领导小组的基础职责。安全生产是国家和地方政府以及行业主管部门高度重视的领域,特别是在电力行业,国家和地方相关法律法规十分严格。永州发电有限公司通过领导小组,确保这些法律法规能够有效地传达到公司的各个层级,并结合企业的实际情况,制定出切实可行的实施方案。领导小组不仅要了解和掌握这些法律法规的内容,还要将其转化为公司内部的制度规范和行为准则,指导公司日常的安全生产工作。

研究和决定公司安全文化建设工作中的重大问题是领导小组的核心职责。安全文化建设是一项系统性工程,涉及企业管理的方方面面,从员工的行为习惯到管理层的决策制定,都需要有清晰的思路和科学的规划。领导小组需要定期召开会议,研究企业在安全文化建设中面临的挑战和问题,及时做出相应的调整和决策。例如,当公司在某个阶段面临设备老化或新项目上马时,领导小组需要考虑如何在这些特殊情况下强化安全文化,避免因设备故障或新项目风险导致安全事故的发生。

监督管理安全文化建设体系的运行情况是确保安全文化建设得以持续推进的重要

职责。领导小组不仅要制定战略目标和具体的实施方案,还需要对方案的实施过程进行全程监督。通过定期的检查和评估,领导小组可以了解各个部门在安全文化建设中的实际情况,发现存在的问题,并及时加以整改。这种监督机制确保了公司安全文化建设工作能够持之以恒,并根据实际情况进行动态调整。

（二）安全文化建设办公室主要职责

办公室的职责主要包括协调组织安全文化建设工作、落实领导小组的工作部署、制定并执行公司安全文化建设规章制度、开展安全文化建设管理和方案实施、协调与外部检查单位的关系等。通过这些职能,办公室在公司安全文化建设中扮演了中枢管理的角色。

（1）负责安全文化建设工作的协调组织和信息沟通。作为公司安全文化建设工作的指挥中心,办公室需要统筹安排各项安全文化活动,确保各部门之间的信息流通和资源共享。通过定期的会议和文件传达,办公室确保每一项安全文化建设工作都能够有序推进。

（2）负责将领导小组的决策和部署落实到具体的执行层面。领导小组所制定的各项政策和方案,需要通过办公室的具体操作才能够真正实施到位。办公室不仅要根据领导小组的要求细化工作计划,还需要跟踪和监督各部门的执行情况,确保每一项决策都能够落到实处。

（3）制定和执行公司安全文化建设规章制度。安全文化建设的核心在于制度的健全和执行,办公室需要根据领导小组的指导意见,结合国家和地方的法律法规,制定出一套符合公司实际情况的安全文化建设规章制度。这些制度涵盖了从员工日常行为规范到安全生产管理的方方面面,确保每一位员工都能够在制度的指导下遵守安全操作规范,避免安全事故的发生。

（4）负责组织实施安全文化建设方案。在每个阶段,办公室都会根据公司的生产经营情况和安全文化建设的需求,制定出具体的实施方案,并监督方案的执行情况。通过这种有计划、有步骤的实施,安全文化建设工作能够在公司内部逐步深入,并取得显著成效。

（5）承担与外部安全文化检查单位和相关政府部门的协调工作。安全文化建设不仅是企业内部的事务,还涉及政府部门的监管和外部检查单位的监督。办公室需要与这些外部单位保持良好的沟通和协调,确保公司的安全文化建设工作符合国家和地方的相关要求。通过定期的外部检查和评估,办公室能够及时发现公司在安全文化建设中的不足,并根据外部检查单位的建议进行改进。

（6）负责完成领导小组交办的其他工作。这一职责表明办公室不仅是安全文化建设工作的执行者,还在公司日常管理中承担了许多临时性和灵活性的任务。例如,当公司遇到突发的安全事件或特殊时期需要强化安全管理时,办公室需要迅速响应,协助领导小组制定应对措施,并组织各部门落实。

二、安全生产标准化体系建设

（一）安全生产标准化建设概述

以严格贯彻《中华人民共和国安全生产法》,落实全员安全生产责任制为根本,结合

《国家能源集团安全生产工作规定》、《国家能源集团电力产业安全生产管理办法（试行）》和《关于推进安全生产标准化管理体系建设的指导意见》等相关文件要求，全面推进永州公司安全生产标准化建设工作，建立健全永州公司安全生产业务保安和安全监察体系，在充分吸收公司各板块及行业安全管理成熟经验的基础上，构建以风险预控为核心的永州公司安全生产标准化管理体系，实现永州公司安全管理体系和标准化体系建设工作相结合。其具体含义为：以"安全文化"为引领，以"风险预控"为核心，以安全生产标准化为抓手，以"人、机、环、管"4M屏障为途径，将"风险预控"贯穿于体系所有管理要素、所有业务环节和关键工作节点，最终达到安健环管理"六零"目标，实现企业本质安全。

安全生产标准化体系建设的核心关键词是风险预控和标准化。风险预控是运用系统的原理，对各生产系统、各工作岗位中存在的与"人、机、环、管"相关的不安全因素进行全面辨识、分析评估；对辨识评估后的各种不安全因素，有针对性地制定管控标准和措施，明确管控责任人，进行严格的管理和控制；同时借助信息化管理手段，建立危险源数据库，使各类危险源始终处于动态受控的状态。标准化是按照集团公司安全生产标准化要求，基于体系化管控，提高整体安全生产绩效实现可持续发展，构建安全生产标准化管理体系及其管理标准，指导企业根据自身特点开展适合企业安全生产战略规划、风险预控及其经营管理需要的一系列标准化工作。

（二）安全生产标准化建设总体架构

安全生产标准化建设的总体架构可以通过以下几个关键层次来阐述，主要涵盖了安全文化、风险评估、组织管理、业务流程、安全监督等方面，形成一个完整的安全生产管理体系。该体系不仅确保了企业生产安全，还通过标准化的管理手段提升了工作效率和质量。

1. 安全文化层

安全文化作为安全生产标准化建设的基础，起到了全局性的指导作用。通过安全文化建设，统一全体员工的安全生产理念，形成了"安全第一、预防为主"的意识。在这种氛围下，员工能够主动遵循公司制定的安全规章制度，提高安全生产的执行力。此外，安全文化的培养还通过思想引领和安全指令体系的实施，推动了全员对安全生产工作的理解和认同，逐渐形成了一种自觉遵守的工作态度，从而大大降低了安全隐患的发生概率。

2. 风险评估层

风险评估是安全生产管理中的核心步骤，它通过定期对各类风险源的识别和隐患排查，确保在生产过程中及时发现潜在风险。企业通过引入风险评估机制，对安全隐患进行科学的分析与评价，从而制定应对措施。具体来说，风险评估涵盖了不同层次的风险，包括生产设备、操作人员、环境因素等，通过对这些因素的综合评估，可以对安全生产中的每一个环节进行有效监控和控制。风险评估的结果为制定后续的安全措施提供了依据，确保生产过程中的每一步都处于受控状态。

3. 基础要素层

针对已辨识的风险,从"人、机、环、管"四个方面建立屏障,提出管理要求,并在各项业务流程中给予落实。

组织管理:通过明确各级管理者的安全职责,确保安全生产管理工作层层落实,建立健全监督和反馈机制。通过制定清晰的管理流程,协调各部门共同执行安全生产的各项规定,确保安全责任的落实和跟踪。

人员行为:针对员工的安全生产操作和行为进行管理,确保员工按照规章制度进行操作。通过定期培训和监督,提高员工的安全意识,并强化对违规行为的处罚,形成良好的安全操作氛围。

设备设施:对公司各类生产设备、设施进行定期检查与维护,确保其处于安全运行状态。同时通过技术改造,提升设备的安全性。

作业环境:作业环境的管理包括生产场所的卫生、安全通道的畅通、消防设施的完备等,要确保员工在一个符合安全要求的环境中进行作业。

4. 业务流程层

业务流程的安全化管理是指将安全生产融入企业的日常运营中。安全生产的标准化建设要求从生产准备、定期工作、运行管理到承包商管理等环节,全面落实安全生产的规范操作。尤其是对于承包商的管理,确保其遵循公司制定的安全管理要求,避免外包工作的安全漏洞。此外,生产过程中涉及的每一项业务活动都需要按标准执行,并进行持续监控。业务流程的标准化保证了生产过程的有序性和可控性,有效减少了人为失误的发生。

5. 监督评价层

安全监督和技术监督是整个安全生产体系的保障机制。通过安全监督机制,公司能够实时监控各类安全生产活动,及时发现违规操作或不安全行为。技术监督则确保所有生产技术和设备符合相关标准要求,并在需要时提供技术支持与指导。这两者相辅相成,确保生产过程中的安全管理无死角。借助数字化管理手段,安全监督可以更加精准、实时,确保安全生产管理的有效性。

检查与评价是整个安全生产管理体系的闭环部分。通过定期的检查和评价,公司可以评估安全生产的实际效果,发现管理中的不足,并进行改进。检查的内容涵盖了设备运行、人员操作、作业环境等多个方面,评价结果直接关系到企业的下一步安全策略调整。通过不断地检查与反馈,安全生产的标准化建设可以持续优化,形成长效管理机制。

(三)安全生产标准化建设的原则和特点

1. 安全生产标准化建设的原则

(1)管理制度化:按照简明、统一、协调、优化的原则,建立健全符合法律法规、国家与行业标准及集团公司要求的各项安全生产规章制度,规范安全生产全过程管理工作。

(2)制度流程化:根据集团公司安全生产标准化有关要求,加强作业流程管理,建立安全生产管理程序、岗位作业流程,实现流程化管控。

（3）流程表单化:建立表单化管理机制,将企业的规章制度、标准化流程、节点融入具体的工作之中,用表单工具规范业务流程,提高工作效率。

（4）表单信息化:加强信息化、数字化建设,促进工作表单信息化,通过信息软件系统平台优化指令,简化现场管理和实际操作,方便员工使用。

2.安全生产标准化建设的特点

（1）规范化:实现公司各业务板块安全生产管理体系的统一规范,各业务之间统一均衡管理。

（2）一体化:各业务板块横向一体化,全业务流程纵向一体化,业务保安和安全监察体系协同一体化。

（3）常态化:将公司安全生产标准化建设与集团标准化建设推进工作相结合,把相关要求落实到流程和表单中,避免突击整改等应急式短期行为,常态化保持平稳有序的安全生产工作状态。

（4）数字化:通过规范流程、规范表单为公司数字化转型奠定基础。

各业务规范化、一体化、常态化、数字化管理模式如图3-1所示。

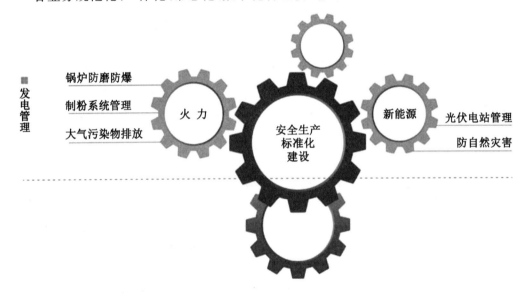

图3-1　各业务规范化、一体化、常态化、数字化管理模式

（四）安全生产标准化建设与安全文化的关系

安全生产标准化建设与安全文化紧密相连,两者相辅相成,共同构建了企业安全生产的核心管理体系。在现代企业中,以安全文化为引领,推动安全生产标准化建设,是确保安全生产的基础。将安全文化融入标准化的各个层级,企业能够在制度、流程和员工行为等方面形成全面的安全管理体系,从而实现安全生产的系统性和长期性。

安全文化为安全生产标准化提供了思想引领。安全文化的核心是"安全第一、预防为主"的理念,它强调在任何生产环节中都必须把安全放在首位。这种理念通过标准化建设具体化为可操作的规章制度和行为规范,指导员工日常的工作操作。企业通过长期的安全文化培育,使得员工从思想上高度重视安全生产,形成人人讲安全、人人懂安全的工作氛围。这种文化氛围不仅增强了员工的安全意识,还进一步推动了企业安全生产标准化的深入实施。

安全生产标准化为安全文化的落地提供了制度保障。企业的安全文化只有通过具体的制度和规范才能转化为实际的行为。安全生产标准化通过建立健全安全生产规章制度、操作流程和监督机制,确保每一位员工都能够按照统一的标准进行操作。同时,标准化的执行使得安全文化不再停留于口号或理念,而是体现在每一个细节之中。例如,企业通过定期培训、应急演练、隐患排查等活动,不断强化员工的安全意识和操作技能,确保安全文化在基层得以贯彻落实。

安全文化与标准化的深度融合提升了企业的整体管理水平。通过将安全文化渗透到安全生产标准化建设的各个环节,企业可以实现管理模式的优化升级。安全文化为标准化管理注入了人文关怀和价值导向,标准化管理则为安全文化的持续发展提供了制度支持和执行力保障。这种双向互动,不仅提升了员工对安全生产的认同感和参与度,还大大提高了企业的安全管理效能,使得安全生产工作更加系统化和规范化。

安全文化的建设和标准化的推进,最终实现了安全生产管理的全员覆盖和持续改进。在这一过程中,企业不仅需要高层的领导支持和推动,更需要全体员工的共同参与。通过不断提升安全文化与标准化的结合程度,企业能够形成长效的安全管理机制,从而在日常生产活动中有效规避各类安全风险,确保安全生产目标的实现。

总之,安全生产标准化建设与安全文化的关系是相互依存、相互促进的。安全文化为标准化建设提供思想支撑,标准化则为安全文化的落实提供制度保障。两者的深度融合,不仅提高了企业的安全生产管理水平,还为企业的长远发展提供了强有力的安全保障,如图 3-2 所示。

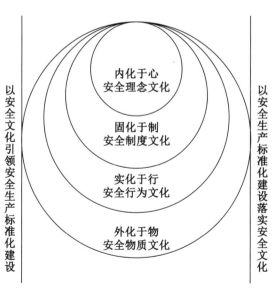

图 3-2 安全生产标准化建设与安全文化的关系

三、双重预防体系建设

(一) 双重预防体系建设的内涵

双重预防机制是由习近平总书记于 2015 年提出的。双重预防区别于普通的预防管理,特殊之处在于风险分级管控和隐患排查治理两个模块相互作用,增加了对风险管控效果的检验。双重预防体系在运行过程中可以不断"进化",出现越运行,企业生产安全管控水平越提升的现象。

风险分级管控是在全面辨识危险源的基础上,综合分析危险源一旦导致事故,事故的危害程度,以及历史上该危险源是否导致过事故,该危险源管控措施是否完备等因素,得出该危险源的危险等级。对不同危险等级的危险源,要采取不同措施保证危险源不会演变成为事故。由于危险源的风险等级由事故严重程度和事故发生可能性决定,事故发生可能性又受管控措施的影响,因此对于高风险的危险源,可以分析是否由于管控措施无效或过少造成。风险分级管控自身对危险源管控有效性具备检查能力。

隐患排查治理包括隐患排查工作和发现隐患后的隐患治理工作。隐患排查工作包括隐患排查计划和隐患排查清单,是在风险分级管控的基础上展开的。隐患排查是针对危险源辨识是否全面、管控措施能否管控住危险源的一项检查。对于反复出现的同一类型隐患,应分析考虑是否遗漏了危险源或管控措施无效造成的。

(二) 双重预防体系构建原则

1. 危险源辨识要全面

在双重预防体系建设中,重新进行危险源辨识时,需要做到辨识企业运行过程中可能出现的全部危险源。企业后续安全管理工作将根据辨识出来的危险源,有针对性地开展。危险源辨识不全面,后续安全管理工作的布置就会有漏洞。根据墨菲定律,如果事情有变坏的可能,不管这种可能性有多小,它总会发生。安全管理上的漏洞一定会导致安全事故的发生。因此,辨识的全面性尤为重要,是体系建设的基础。

2. 管控措施制定要真实

在双重预防体系建设中,管控措施制定的情况会直接影响对危险源危险程度的评价。因此在制定管控措施的过程中,务必实事求是。管控措施制定要真实,主要是指以下两个方面:一是务必是企业日常运行过程中确实采取的管理措施。企业日常对危险源怎么管理的,在体系建设过程中就怎么制定,不要增加不存在的管控措施。二是管控措施务必能够对危险源起到管控作用。对于无效的管控措施,在制定过程中应该剔除,从而保证后期对危险源评价的准确性。

3. 全员共同参与

企业一线员工是企业运行的主体,也是直接接触危险源的人员。企业一线员工是安全生产事故直接受害者,是对危险源最为熟悉,也是最了解管控措施有效性的人。因此,双重预防体系的构建、运行及改进,必须落实到每一个员工身上。全员共同参与应包括所有管理和作业区域的所有人员,包含承包商和其他相关方人员。企业全员参与到体系的建设与落实中,能够保障体系的有效性。

4. 持续推进体系

双重预防体系的建立不是工作的结束。在相对较短的时间内完成危险源辨识、分级、管控等工作,必然会存在危险源的疏漏与无效的管控措施。在体系运行过程中要结合具体的工作内容,随时发现不合理方面,随时进行完善,从而保证体系的有效性。

(三)双重预防体系构建流程

依照 PDCA 循环管理理论,双重预防体系需要包括策划、实施、检查、改进四部分。Plan(策划)是指方针和目标的确定,也就是本次研究的目标:解决公司安全隐患"想不到"和"管不住"的问题,管控住企业生产作业过程中的所有危险源。

Do(实施)部分是解决上述问题的具体措施。已知双重预防体系构建过程包括两个主要部分,分别是风险分级管控和隐患排查。风险分级管控是对公司全部静态设备和作业活动进行的全面的危险辨识与评级,具体步骤包括:确定风险管控对象—确定危险源—确定管控措施—危险源评价共四部分。这四部分中的确定风险管控对象、确定危险源和确定管控措施都属于 Do(实施)部分。危险源评价部分与隐患排查部分共同属于 PDCA 循环中的 Check(检查)部分。

危险源评价是检查管控措施是否充足以及措施在理论上是否有效的方法,隐患排查则是检查危险源辨识是否全面,同时也是判断管控措施实际有效性的方法。

危险源评价结果的处理与控制是 PDCA 循环中的 Act(改进)部分。在 Check(检查)部分,我们可以分析发现遗漏的危险源,以及管控措施不到位的情况。针对上述情况,我们可以有针对性地新增危险源、修改管控措施,之后重新进入 PDCA 循环,再次检验问题是否得到解决。如未能有效解决,则重复此步骤直至解决,如图 3-3 所示。

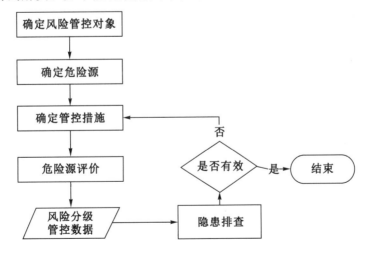

图 3-3　双重预防体系流程图

第四章 安全行为文化篇

一、行为科学在事故预防中的应用

（一）行为科学的概念与定义

一般认为，行为科学就是运用心理学、社会学、社会心理学、人类学以及其他与研究人的行为有关的学科理论，研究人类行为一般规律的学问。行为科学强调从心理和社会两方面去理解人、诱导人、激励人。因此，有人通俗地把它叫作如何调动人的积极性的科学。行为科学有广义和狭义之分，广义的行为科学是指运用科学的方法，研究自然和社会环境中人类行为规律的学科群。它包括心理学、社会学、社会心理学、伦理学等学科中与研究人类行为直接有关的分支学科，以及其他学科中的直接有关部分。其综合基础学科是哲学。它既包括社会科学，也包括自然科学，属于交叉学科群。狭义的行为科学则是行为科学的一般理论在各个具体领域中的应用。例如，把行为科学的理论应用到组织行为的管理方面，就是行为管理学（又称组织行为学）；把行为科学的理论用于人的消费行为的研究，就是消费行为学；把行为科学的理论用于行政管理的研究，就是行政行为学；等等。行为科学导源于企业管理的研究，因此，行为管理学是当前发展最快的研究领域之一。人类的行为研究涉及十分广泛的学科知识，如解剖学、生理学、心理学、社会学、人类学、文化学、经济学、语言学、法律学、政治学，甚至毒药学、精神病学，等等。因此，行为科学是一门跨许多学科的学科群。行为科学的英文是 Behavioral Sciences，词尾的复数就表明了它作为一个学科群的特点。

简单地说，行为科学是研究人类行为的发生、发展及其变化规律的科学。人的行为是一种复杂的现象，从人猿说起，人类行为经历了复杂的自然变化和社会变化过程。一个人从呱呱落地到长成一个社会人，也经历了复杂的变化过程。行为科学就是要揭示这个演化过程对现实人行为的影响。现实人的行为之所以千差万别，是由于受到复杂的个人生理和心理因素及外部社会因素的影响，如人的神经活动、认识能力、兴趣、爱好、气质、性格等心理活动和特点，人与人之间的相互影响以及人所处的社会环境的影响等，这些都是人的行为发生的条件。行为科学就是要揭示人的行为的变化与这些因素的关系。

（二）行为科学的发展

1. 国外行为科学的发展

（1）有关人的需要、动机和激励问题的研究

这方面代表性的理论研究有：马斯洛在对人的需要和动机进行研究的基础上，提出

了著名的"需要层次理论"。赫茨伯格从事提高生产效率因素的研究,他提出的"双因素理论"认为,保健因素是预防劳动能力丧失和预防职工不满的间接影响工作效率的因素,激励因素是直接影响工作效率的因素。斯金纳的强化理论(即操作性条件反射学说)是以行为学的奖惩原则为基础,对认识、理解和修正人的行为的一种探讨。弗鲁姆提出了"期望概率式理论",这种理论认为,对行动成果意义的评估和对行动成功可能性的估计因素决定着激励力量的大小。

(2)关于"人性"问题的研究

这方面代表性的理论有:美国麻省理工学院教授道格拉斯·麦格雷戈提出的"X理论—Y理论"。根据麦格雷戈的看法,"X理论"是以四种假设为基础的:第一,员工天生不喜欢工作,只要有可能,他们就会逃避工作。第二,由于员工不喜欢工作,因此必须采取强制措施或惩罚办法,迫使他们实现组织目标。第三,员工只要有可能就会逃避责任,安于现状。第四,大多数员工都喜欢安逸,没有雄心壮志。"Y理论"也以四种假设为基础:第一,员工视体力和脑力消耗如休息、娱乐一样自然。第二,外来的控制与惩罚并不是使人们为实现组织目标而努力的最好方法,若员工对工作做出承诺,他们会进行自我指导和自我控制,以完成任务。第三,一般而言,人是会主动承担责任的,不愿负责、缺乏雄心壮志不是人的天性。第四,大多数人都具有一定的想象力、独创性和创造力,而不仅仅是管理者才具备这类能力。麦格雷戈认为,Y理论的假设比X理论更实际有效。他建议让职工参与决策,为员工提供富有挑战性和责任感的工作,这会有助于员工积极性的发挥。

(3)关于组织中非正式组织和人与人的关系问题的研究

这方面代表性的理论主要有:勒温的"团体动力理论"和布雷德福等人创造的敏感性训练方法。在"团体动力理论"中,勒温论述了非正式组织的要素、目标、内聚力、规范、结构、领导方式、参与者、行为分类、对变动的反应等问题。敏感性训练方法的目的是,通过受训者在共同学习环境中的相互影响,提高受训者对自己的感情和情绪、自己在组织中所扮演的角色、自己同别人的相互影响关系的敏感性,进而改变个人和团体的行为,达到提高工作效率和满足个人需求的目标。敏感性训练通常在模拟实际环境的实验室中进行,做法一般分为三个阶段:① 旧态度解冻阶段;② 加强敏感性阶段;③ 新态度巩固阶段。

(4)组织理论与组织行为的研究

组织理论与组织行为逐渐成为一个独立研究领域。梅奥克服传统组织理论重视结构而轻视人的机械主义模式,承认人是组织的一个部分。马奇和西蒙在组织理论中又开辟了新方向——人群系统和工作系统的研究。霍曼斯、利克特等人的现代系统与应变模式使研究不断深入。

(5)企业中领导方式问题的研究

这方面的主要研究成果有:坦南鲍姆和施密特的"领导方式连续一体"理论,利克特的"支持关系理论",斯托格第尔和沙特尔的"双因素模式理论",布莱克和莫顿的"管理方格理论"等。

2. 国内行为科学研究发展概况

在我国沉淀深厚的文化遗产中,有许多关于"行为管理"和"管理心理"的思想理论,这是我们进行行为科学研究的重要基础之一。我国古代与行为科学相关的思想主要包含在诸子百家的学说中。概括地讲,有这样一些重点问题,如关于人性问题的争论,人能合群的组织管理学说,治国安邦的领导艺术与策略,关于领袖与将帅心理,关于士气激励问题,关于人事、管理及将与士的关系问题,等等。

中华人民共和国成立以后,逐步建立了独立的比较完整的工业体系和国民经济体系,也形成了一套建立在社会主义经济基础上的管理理论与管理方法。例如,依靠工人阶级办好社会主义企业的思想;实行干部参加劳动,工人参加管理,改革不合理的规章制度和工人、技术员、干部共同管理企业的"两参、一改、三结合"的民主管理制度;产品好、成本低、推销快是企业行政、党组织、工会三位一体的共同任务;勤俭办工厂、建立核算制、增产节约、使工厂企业化的管理思想;贯彻按劳分配的原则,反对平均主义,把物质激励和精神鼓励结合起来的思想;坚持政治和经济的统一、政治和技术的统一、又红又专的方向以及"论十大关系"的思想等。这些管理思想保证了我国经济建设和企业管理沿着社会主义的方向前进。

我国经济建设的发展也为行为管理的研究开辟了广阔的前景。但是,我国行为科学的发展研究还是在改革开放以后才真正开始的,改革的浪潮促进了我国管理科学行为科学的发展。1979年,第一机械工业部首先提出要重视组织管理心理学的研究。企业管理界、经济学界、心理学界对国外组织管理心理学作了一系列介绍。1980年,国家经委开办了企业管理研究班。同年4月,杭州大学心理学系举办了组织管理心理学培训班,开设了社会心理学、工程心理学、组织管理心理学等课程。1980年4月,中国心理学会的"工业心理专业委员会"成立并召开了首次专业会议。会上明确指出,我国心理学应分为两个方面:工程心理学和组织管理心理学。此后,我国心理学工作者与管理科学工作者共同努力,进行了组织管理心理学(组织行为科学)的普及宣传与研究。1981年3月,"中国行为科学研究会筹委会"宣告成立,该研究会的宗旨是把心理学、社会学、管理科学以及工业部门的研究人员联合起来,共同探讨行为科学、组织管理心理学在我国企业中的应用及理论问题。1985年,"中国行为科学学会"正式宣告成立。行为科学介绍到我国虽然只有40多年时间,但已引起学术界和企业界的普遍重视。近年来,我国行为科学研究主要围绕政治经济和企业体制改革进行,目前有向其他行业管理扩展的趋势。如关于行为科学的理论与应用研究,关于个体行为与管理的研究,关于团体行为与管理的研究,关于组织行为与管理的研究,关于领导行为与管理的研究等。我们在吸收国外的先进管理理论和方法基础上,联系我国的改革实践和企业管理实践加以应用,收到了较好的效果,但是,离建立中国特色的行为科学体系还有一段距离。我们应继续努力学习国外科学的行为管理理论与先进的管理方法,挖掘我国古代优秀的行为管理思想,总结中华人民共和国成立以来的管理经验,紧密结合我国的改革实践和企业管理实际进行研究,以促进具有我国特色的行为科学体系早日形成,使我们的行为科学能为社会主义的物质文明和精神文明建设做出更多的贡献。

（三）行为科学在事故预防中的应用

随着工业化的快速发展,工作场所安全逐渐成为企业和政府关注的重点。每年,由于工作相关的事故而导致的人员伤亡、经济损失以及社会影响都提醒着我们,事故预防的重要性不容忽视。在此背景下,行为科学作为一门跨学科的研究领域,因其能够深入剖析人类行为背后的动机和原因,在事故预防中展现出巨大潜力。本书将探讨行为科学如何帮助我们理解并改善工作场所的安全性,减少事故发生率。

1. 行为科学基础

行为科学涵盖了许多子领域,包括心理学、社会学、经济学等,其核心在于理解人类行为的动因及其与外部环境之间的互动关系。在工业安全领域,行为科学家们特别关注那些可能导致事故发生的不安全行为,并致力于找出导致这些行为的心理和社会因素。例如,员工可能会因为疲劳、压力过大或缺乏适当的安全培训而忽视安全规则,从而增加了事故发生的可能性。

2. 行为分析与事故预防

（1）行为识别

第一步是识别出那些可能导致事故的行为。这通常涉及数据收集和分析,通过观察、访谈、问卷调查等方式获取信息,识别出高风险行为模式。例如,在制造业环境中,操作员未按规定佩戴防护眼镜、手套等个人防护装备即开始作业,或是在设备未完全停止运转的情况下进行清理维护,这些都是常见的不安全行为。

（2）行为归因

接下来是对这些行为背后的原因进行分析。这里既包括个体层面的因素,比如员工的态度、知识水平、技能熟练度等,也包括组织层面的因素,比如企业文化、领导风格、激励机制等。通过细致入微的行为归因分析,可以帮助企业更好地理解哪些因素在推动或阻碍安全行为的发生。

（3）行为干预

一旦确定了需要改变的行为及其原因,就可以设计相应的干预措施。有效的干预方案应该针对不同层次的影响因素,从个人到团队再到整个组织层面,全方位地促进安全文化的建设。比如,可以通过加强员工的安全意识培训、提供足够的资源支持（如防护装备）、建立正面激励机制等方式来鼓励安全行为;同时,对于那些反复出现的不安全行为,则需要采取更为严格的纠正措施,甚至可能涉及纪律处分。

（4）实践案例

众多国际知名企业已经将行为科学理论融入其安全管理实践中,并取得了显著成效。比如,某跨国汽车制造商在其全球工厂推行了一项名为"行为观察与沟通"（behavioral observation and communication,BOC）的计划,鼓励员工相互监督彼此的安全行为,并就如何改进提出建议。结果显示,该项目不仅有效减少了事故数量,还促进了员工之间更为开放和积极的交流氛围的形成。

总而言之,行为科学为我们提供了一个强有力的工具箱,用以理解和改变那些可能导致工作场所事故的人类行为。通过综合运用行为识别、分析及干预策略,企业不仅能显著降低事故发生率,还能建立起一种重视安全、尊重生命的企业文化。随着科学技术的进步,尤其是大数据分析、人工智能等前沿技术的应用,我们有理由相信,在不远的将来,行为科学将在事故预防领域发挥更加重要的作用,为构建一个更加安全和谐的社会环境贡献力量。

二、企业各层级的行为规范

(一)企业行为规范

企业行为规范是指由目标体系和价值观念所决定的企业经营行为和由此产生的员工所特有的工作态度和行为方式,是企业文化的重要构成要素。它不仅仅表现为规章、制度、准则等成文的规定,更多的表现为传统、习惯、禁忌、时尚等不成文的行为规范。它具有政治法律所不具有的积极示范效应和强烈的感应力、约束力,并体现企业的价值观;对企业行为规范的评价可从规章制度、职业道德、员工纪律、工作态度、工作作风、敬业精神、集体协作精神、领导方式、经营方式等方面予以综合考虑。

在对企业进行了深入细致的调查后,结合企业要求,要对企业的行为规范加以归纳和整理,根据企业的实际情况,采用员工手册或岗位管理制度的形式。由于企业的情况千差万别,在进行企业行为规范的归纳时,应尽量参考企业原有的管理制度,并在此基础上加以深化。另外,也可以结合调查实际,制定全新的员工手册和内部管理制度。

(二)企业各层级行为规范

在一个企业中,大到企业的决策与指挥的规范化管理,小至仪容仪表、电话礼貌、谈话礼节的规范化约束,都必须有一个大家共同遵守的行为规范。一般来说,企业各层级行为规范可以从以下几个方面着手。

1. 企业管理制度的规划

企业管理制度是规范企业组织群体的行为、塑造良好的企业形象的主要约束机制。企业管理制度主要包括宏观管理制度和各职能部门管理制度两部分。

(1)企业宏观管理制度的规划

① 企业领导制度的规划。包括企业领导原则、体制和领导权限,其核心内容是解决企业内部领导权的归属、划分和如何行使的问题。

② 企业管理体制的规划。主要指以产权为核心的企业管理体制。

③ 企业规章制度的规划。企业全体员工共同遵守的各种规则、章程、程序、办法等必须规范化。

④ 企业经济责任制度的规划。以提高经济效益为目的,实行经济责任、经济权利和经济利益相结合的经济责任制度。

(2)各职能部门管理制度的规划

① 财务管理制度的规划。财务管理制度的规划主要表现在成本管理制度、固定资产管理制度、内部经济核算制度、流动资产管理制度、专项资金管理制度以及投资管理

制度等几个方面。

② 人力资源管理制度的规划。人力资源管理制度的规划主要包括企业员工招聘与录用制度、员工激励制度、员工奖惩制度、员工考评制度、工资管理制度、人员培训制度、人才调配和流动制度以及劳动定额和定员制度等几个方面。

③ 生产管理制度的规划。生产管理制度的规划主要包括产品检验制度、生产协作制度、生产作业计划制度、生产作业准备制度、计量管理制度、下载 App 制度、质量管理制度、安全生产管理制度、环境保护管理制度、产品检验管理制度、在制品管理制度、物资采购管理制度、物资验收管理制度、仓储管理制度、运输管理制度以及能源管理制度等。

④ 技术管理制度的规划。技术管理制度的规划主要包括技术档案管理制度、技术情报管理制度、新产品开发管理制度、设计管理制度、工艺管理制度、消耗定额管理制度等。

⑤ 行政事务管理制度的规划。行政事务管理制度的规划主要包括安全管理制度、行政生活管理制度、基本建设管理制度、经济合同管理制度、年度计划管理制度、消防安全管理制度、医疗卫生管理制度、保密管理制度以及文书档案管理制度等。

2. 企业员工行为的规划

企业员工行为规划是根据企业现行制度和各部门、各岗位的职责,规划员工共同遵守的行为准则及实现的条件。通常来说,企业员工行为的规划主要包括以下几个方面的内容。

(1) 企业员工行为准则的设计

企业员工必须具有进取心、责任感和敬业精神,对工作要积极、热忱,具体说应该做到以下几点:

① 团队意识。企业全体员工应该以企业整体利益为出发点,通过沟通和协调形成强大的团队精神。

② 创新精神。企业员工必须具备创新精神,要在不断的创新中营造自己的核心竞争力。

③ 专业才能。企业员工必须按照岗位职责的要求,熟练掌握各项业务技能。

④ 敬业精神。企业员工必须具有良好的敬业精神,必须具有百折不挠的毅力和顽强拼搏的斗志。

⑤ 品德操守。企业员工必须具有良好的个人品德,遵纪守法、严于律己、诚恳待人。

⑥ 学习能力。企业员工必须不断学习,提高自己、充实自己。

(2) 个体工作环境设计

企业应该为员工努力创造更好的环境,使员工的价值最大化。在进行个体工作环境设计时,应注意以下三个方面:

① 岗位培训。通过定期岗位培训和不同形式的继续教育,不断提高员工的思想素质和业务能力。

② 因人善任。通过对新员工的轮岗、定岗制,尽量发挥每个员工的潜能。

③ 激励机制。按照企业实际需求制定合理的激励机制,促使员工达到行为规范的要求。

（3）团队工作环境设计

员工的行为规范,不仅需要良好的个体工作环境,良好的团队工作环境也同样重要。团队工作环境的设计应注意以下四点:

① 加强民主建设。实践证明,民主型领导有利于成员的成长和发展,在民主型的领导团队里,其成员自觉性强、工作效率高、工作质量好、团队凝聚力强,有利于员工的行为规范。

② 团队目标与个人目标的一致性。团队的工作任务和目标,要能最大限度地发挥每个成员的特长,要有利于员工个人价值的实现;相应地,团队中的每个成员都应该准确地把握团队的总体目标,并要在心理上予以认同。

③ 团队凝聚力。要加强团队建设,增强团队凝聚力。一个具有凝聚力的团队,其成员会感到自豪,并会努力按团队的行为规范为团队增光。团队的凝聚力主要来源于团队成员之间强烈的认同感、归属感和亲合力。

④ 团队应该具有很强的适应外部环境变化和协调内部冲突的能力。

三、全员安全生产责任制

（一）全员安全生产责任制的内涵

全员安全生产责任制是指企业在生产经营过程中,将安全生产作为企业的重要组成部分,通过建立和完善安全管理体系,明确各级领导和职工的安全生产责任和义务,实现从企业高层到基层员工都参与安全生产的管理和监督。

1. 企业领导层

企业领导层是安全生产责任制的核心。他们应该制定公司的安全生产方针和目标,并负责监督公司的整个安全管理体系。此外,他们还应该根据公司实际情况,合理配置资源,提供必要的培训和技术支持。

2. 生产经营部门

生产经营部门是企业中最重要的部门之一。他们应该负责监督和管理所有与产品或服务有关的活动,并确保这些活动符合相关法律法规以及公司内部规章制度。同时,他们还应该采取必要措施来防止事故发生。

3. 安全部门

安全部门是负责整个公司安全管理工作的组织。他们应该负责开展各种类型的风险评估,并根据评估结果提出相应建议。此外,他们还应该负责制定和实施公司的安全管理制度,并对员工进行安全培训。

4. 职工

职工是企业中最基础的组成部分。他们应该遵守公司的安全管理制度,并积极参与安全生产活动。此外,他们还应该主动报告安全隐患,并积极参与事故调查和处理。

（二）全员安全生产责任制实施步骤

1. 建立安全生产责任制

企业领导层应该首先建立公司的安全生产责任制,并将其纳入公司规章制度中。同时,他们还应该明确各级领导和职工的责任和义务,并建立相应的考核机制。

2. 制定和完善安全管理体系

为了确保安全生产责任制得以有效执行,企业需要建立和完善相应的安全管理体系。这包括:风险评估、事故预防、危险源识别、紧急救援等方面。

3. 加强员工培训

企业需要加强员工培训,提高员工的安全意识和技能水平。这包括:开展各种类型的培训活动、组织模拟演练等方面。

4. 加强安全监督和管理

企业需要加强对安全生产的监督和管理,确保安全生产责任制得以有效执行。这包括:开展定期检查、建立事故报告和处理机制等方面。

全员安全生产责任制是企业安全生产管理的重要组成部分。通过建立和完善相应的安全管理体系,明确各级领导和职工的责任和义务,实现从企业高层到基层员工都参与安全生产的管理和监督,可以有效降低事故发生率,保障员工的人身安全和财产安全。

四、安全风险辨识与评估

（一）安全风险辨识

1. 安全风险辨识内涵

安全风险辨识是在企业安全生产规划的纲领下,按企业的安全风险分级管控机制建设实施方案的具体要求和阶段目标来组织实施的。在方案中,已对辨识对象进行了整体划分和区域部署,制订了详细的评估计划;在对应的辨识制度中,也已对辨识范围、辨识方法、辨识对象、辨识主体、辨识结果的修正等问题做了完善解答。此处阐述既是对实施方案的具体落实,亦是对辨识制度的实践落实。

全面的安全风险辨识评估应覆盖企业所辖的地理范围和生产运营所涉及的全过程,包括:人的因素、物（机械）的因素、环境因素和管理因素四个方面。企业在安全风险辨识评估之前,就应对其范围给予确定,对所辖区域的作业活动、设备设施、材料物资、工艺流程、职业健康、空间环境、工器具、危险场所等存在的安全风险进行辨识评估。企业应将所掌握的技术资料,如工程平面图、生产系统图、生产工艺、生产经营发展规划等,与各部门的岗位职责、岗位任务结合起来,制订合乎生产实际的风险评估计划,划分风险辨识评估范围。

在安全风险辨识评估工作前,企业应制订具体的实施计划,保证安全风险辨识评估工作正常、有序开展。其内容包括:

（1）安全风险辨识评估小组及具体职责。

（2）安全风险辨识评估详细内容。

（3）安全风险辨识评估培训要求。

（4）安全风险辨识评估时间。

2．安全风险辨识流程

生产经营单位安全风险辨识类型一般包括年度风险辨识和专项风险辨识。年度风险辨识指每年度针对所有风险点开展一次全面的辨识；专项风险辨识视具体情况开展，对年度风险辨识进行补充或加深，如生产系统变化的专项辨识、高危作业前的专项辨识等。安全风险辨识工作主要包括辨识评估技术培训、危险因素识别、安全风险辨识三个工作步骤。

（1）辨识评估技术培训

年度风险辨识评估前，生产经营单位应组织对主要负责人和分管负责人等参与安全风险辨识评估工作的人员开展安全风险辨识评估技术培训，使参与风险辨识评估的人员掌握辨识评估技术，保障风险辨识评估质量，同时参与专项辨识评估的人员也应参加此次培训。

（2）危险因素识别

为全面辨识风险点内的风险，同时方便对风险点内的风险进行归类、管控和分析，生产经营单位在开展风险辨识时首先应根据风险点台账，识别各风险点中的危险因素。危险因素主要分为四种类型：设备设施类、作业活动类、作业环境类及其他类。

① 设备设施类。设备设施类危险因素指的是风险点内有毒有害物质或能量的载体。在识别风险点内的危险因素时，首先要列出该风险点内日常安全管理中需要检查的设备设施，如某变电所风险点，其设备设施类危险因素包含：馈电开关、变压器、供电线路、高低压开关柜等。识别危险因素，应涵盖风险点内主要的设备设施，可以进行归类管理。

② 作业活动类。作业活动类危险因素包含常规作业活动和非常规作业活动。由于生产经营单位经常会根据生产实际在不同地点进行作业活动，因此在作业活动类危险因素识别时，不宜在具体风险点下开展。针对作业活动类危险因素，生产经营单位可以先单独列举出主要作业活动，然后在不同风险点下关联使用。在识别作业活动时，不宜过大，如"大修机器"，也不能过细，如"拆除外壳"。

③ 作业环境类。除设备设施类和作业活动类危险因素外，作业环境类危险因素也是重要的危险因素，如高温、有害气体等。作业环境类危险因素的识别需要安全、管理、技术人员共同讨论，根据现场工作经验进行识别。

④ 其他类。其他类是对危险因素的补充，除以上列举的三种类型外，生产经营单位可根据实际情况进行补充。

（3）安全风险辨识

生产经营单位应从人、物、环、管四个方面对各个风险点内的危险因素展开辨识，全面识别危险因素存在或伴随的风险：

① 人的因素：心理性、生理性、行为性危险、有害因素。

② 物的因素：物理性、化学性、生物性危险、有害因素。

③ 环境因素：室内、室外、地下(含水下)及其他作业环境不良。

④ 管理因素：包括组织机构不健全、责任制未落实、管理规章制度不完善、安全投入不足以及其他管理因素缺陷。

常见的风险辨识方法有安全检查表法、作业危害分析法和经验分析法。

① 安全检查表法。安全检查表法适用于设备设施类危险因素辨识。它是依据相关的标准、规范,对工程、系统中已知的危险类别、设计缺陷以及与一般工艺设备、操作、管理有关的潜在危险性和有害性进行判别检查;运用安全系统工程的方法,发现系统以及设备、机器装置和操作管理、工艺、组织措施中的各种不安全因素,列成表格进行分析。安全检查表法力求系统完整,不漏掉任何可能引发事故的关键因素。

② 作业危害分析法。作业危害分析法适用于作业活动类危险因素辨识。它是将作业活动分解为若干连续的工作步骤,识别每个工作步骤潜在风险的方法。其主要步骤包含确定(或选择)待分析的作业、将作业划分为一系列的步骤、辨识每一步骤的潜在危害,其中作业划分的步骤不能太笼统,否则会遗漏一些步骤以及与之相关的危害;步骤划分也不宜太细,以致出现许多的步骤,增加工作量,一般一项作业活动的步骤不超过 10 个。

③ 经验分析法。经验分析法适用于作业环境类危险因素辨识。它与理论分析方法相对,是指主要以经验知识为依据和手段而分析认识危险因素的一种科学分析方法。该方法需重视发挥集体智慧的作用,依靠安全、技术人员的实际工作经验分析风险点存在的危险因素。

（二）安全风险评估

安全风险评估是现代企业安全管理的必备手段。在一个企业中,诱发安全事故的因素很多,安全风险评估能为全面有效落实安全管理工作提供基础资料,并评估出不同环境或不同时期的安全危险性的重点,加强安全管理,采取宣传教育、行政、技术及监督等措施和手段,推动各阶层员工做好每项安全工作,使企业每个员工都能真正重视安全工作、了解及掌握基本安全知识,这样,绝大多数安全事故均是可以避免的。这也是安全风险评估的价值所在。

当生产经营活动被鉴定为有安全事故危险性时,应考虑怎样进行评估工作,以简化及减少风险评估的次数来提高效率。安全风险评估主要由以下三个步骤所组成:识别安全事故的危害、评估危害的风险和控制风险的措施。

1. 识别安全事故的危害

识别危害是安全风险评估的重要部分。若不能完全找出安全事故的危害所在,就无法对每个危害的风险做出评估,并对安全事故危害做出有效的控制。这里简单介绍如何识别安全事故的危害。

（1）危险材料识别。识别哪些东西是容易引发安全事故的材料,如易燃或爆炸性材料等,找出它们的所在位置和数量,评估处理的方法是否适当。

（2）危险工序识别。找出所有涉及高空或高温作业、使用或产生易燃材料等容易引发安全事故的工序，了解企业是否已经制定有关安全施工程序以控制这些存在安全危险的工序，并评估其成效。

（3）用电安全检查。电气安全隐患是目前企业中普遍存在的隐患，对电气的检查是每个企业安全风险评估必不可少的一项内容。用电安全检查包括检查电气设备安装是否符合安全要求、插座插头是否严重超负荷、电线是否老化腐蚀、易燃工作场所是否有防静电措施、电气设备有无定期维修保养以避免散热不良等。

（4）工作场地整理。检查工作场地是否存在安全隐患，如是否堆积大量的可燃杂物（如纸张、碎布、垃圾等），材料是否摆放正确，脚手架是否牢固，等等。

（5）工作场所环境安全隐患识别。工作场所是由设施、工具和人三者组成一个特定的互相衔接的有机组合的环境，往往因为三者之间的不协调而可能将安全事故的危害性无限扩大。识别环境中的安全隐患十分重要，如一旦发生安全事故，人员是否能立即撤离，电源是否能立即切断，等等。

（6）安全事故警报。找出工作场所是否有安全事故警报装置，并检查它们能否正常操作。

（7）其他。留意工作场所是否有其他机构的员工在施工，例如，装修过程中，装修工人所使用的工具或材料是否存在安全隐患。

2. 评估危害的风险

评估危害的风险是安全管理中的关键步骤之一，它旨在识别和评估可能对人、财产、环境或业务连续性构成威胁的因素。这一过程不仅有助于预防事故和损失，还能够提升组织的整体安全管理水平。

评估危害的风险主要包括以下几个步骤：

（1）危害识别包括环境扫描、历史数据回顾、员工参与三部分。首先对工作场所内外部环境进行全面检查，发现潜在的危害源，如化学品泄漏、机械故障、电气危险等。其次，分析过往的事故报告和安全记录，了解常见的事故类型和原因。最后，鼓励员工报告工作中遇到的安全隐患，收集一线工作者的意见和建议。

（2）风险评估由可能性分析、后果严重度分析、风险等级划分组成。首先，评估每个已识别危害发生的概率，考虑频率、触发条件等因素。随后，评估一旦危害发生可能造成的后果，包括人员伤亡、经济损失、环境破坏等。最终，根据可能性和后果严重度的组合，将风险划分为不同的等级，以便优先处理高风险项。

（3）风险控制主要是指通过工程控制、管理控制来实现消除危害的目的。工程控制是指采用物理隔离、通风换气等工程技术手段降低风险。管理控制则是指制定并执行安全管理制度、操作规程等，规范员工行为。需要注意的是，当其他控制措施不足以完全消除风险时，应提供适当的个人防护装备作为最后一道防线。

（4）监测与评审阶段主要以定期检查、事故调查、持续改进为手段，设立周期性的安全检查机制，确保各项控制措施的有效性；对发生的每一起事故进行彻底调查，找出根本原因，防止类似事件重演；基于检查结果和事故教训，不断优化风险管理流程，提升整体安全性能。

3．控制风险的措施

风险控制就是使风险降低到企业可以接受的程度，当风险发生时，不至于影响企业的正常业务运作。

（1）选择安全控制措施

为了降低或消除安全体系范围内所涉及的被评估的风险，企业应该识别和选择合适的安全控制措施。选择安全控制措施应该以风险评估的结果为依据，判断与威胁相关的薄弱点，决定什么地方需要保护，采取何种保护手段。

安全控制选择的另外一个重要方面是费用因素。如果实施和维持这些控制措施的费用比资产遭受威胁所造成的损失预期值还要高，那么所建议的控制措施就是不合适的。如果控制措施的费用比企业的安全预算还要高，则也是不合适的。但是，如果预算不足以提供足够数量和质量的控制措施，从而导致不必要的风险，则应该对其进行关注。

通常，一个控制措施能够实现多个功能，功能越多越好。当考虑总体安全性时，应该考虑尽可能地保持各个功能之间的平衡，这有助于总体安全有效性和效率。

（2）风险控制

根据控制措施的费用应当与风险相平衡的原则，企业应该对所选择的安全控制措施进行严格实施及应用。降低风险的途径有很多种，下面是常用的几种手段。

① 避免风险：比如，改善施工程序及工作环境等。

② 转移风险：比如，进行投保等。

③ 减少威胁：比如，阻止具有恶意的软件的执行，避免遭到攻击。

④ 减少薄弱点：比如，对员工进行安全教育，提高员工的安全意识。

⑤ 进行安全监控：比如，及时对发现的可能存在的安全隐患进行整改，及时做出响应。

（3）可接受风险

任何生产在一定程度上都存在风险，绝对的安全是不存在的。当企业根据风险评估的结果，完成实施所选择的控制措施后，会有残余的风险。为确保企业的安全，残余风险也应该控制在企业可以接受的范围内。

风险接受是对残余风险进行确认和评价的过程。在实施了安全控制措施后，企业应该对安全措施的实施情况进行评审，即对所选择的控制措施在多大程度上降低了风险做出判断。对于残留的仍然无法容忍的风险，应该考虑增加投资。

风险是随时间而变化的，风险管理是一个动态的管理过程，这就要求企业实施动态的风险评估与风险控制，即企业要定期进行风险评估。一般而言，当企业新增资产、系统发生重大变更、发生严重安全事故或企业认为非常必要时，应该重新进行风险评估。

一个企业要做到防患于未然，安全事故危害的风险评估工作是非常重要的，同时，要配合完善的监察和检讨制度，并有良好的记录。做好安全管理，是保护企业宝贵人力资源、财产和信誉的上策。

五、安全绩效指标体系

安全绩效评估是安全管理的重要一环,安全计划的实施必须通过量测、监督及评估来确认执行的绩效。现代企业安全绩效管理主要包括安全绩效计划、安全绩效实施、安全绩效考核及考核结果应用等四个环节。而安全绩效评估考核是安全绩效管理的关键,建立安全绩效指标体系是执行安全绩效考评的基础。然而,由于缺乏科学的绩效指标分解工具,企业安全绩效考核指标体系没有形成方向一致的、统一关联的安全绩效目标与指标链。很多企业没有从战略的高度去理解和设计绩效考核指标体系,在考核指标收集上存在不同程度的偏差,例如企业安全战略与考核指标之间没有实现有效的承接;指标与指标之间缺乏相互关联的逻辑关系,不能解释企业的安全战略。所以,建立一套科学实用的安全绩效考核指标体系就成为一个迫切需要解决的问题。

(一)安全绩效评估的范畴

安全绩效是组织绩效的次系统,安全绩效的好坏势必影响组织绩效的表现。当前安全绩效评估方法很多,但对安全绩效评估应包括哪些内容却存在很大差异。

美国工业卫生协会(AIHA)对安全绩效的评估包括损失工时、安全行为百分比、事故发生数、员工建议与批评的接受性、法定安全卫生训练实施百分比、完成校正性行动所需平均日数、公布监测结果、员工听力损失、劳工补偿损失、其他客观指标等10项。

美国国际损失控制协会的国际安全评分系统包括20个项目,分别是领导、"661"管理、管理阶层训练、定期检查、作业分析及步骤、事故调查、作业观察、紧急应变、组织规则、事故分析、员工训练、个人防护、健康控制、方案评估系统工程控制、个人沟通、团体会议、一般倡导、雇用与配工、采购控制及下班后安全。

亚太地区职业安全卫生组织(APOSHO)绩效评估包括5项:检查测试与监视、校正性及预防性行动、事故调查、记录与资讯管理、职业安全卫生管理系统稽核。

国外专家主张安全绩效的评估项目应包括事故统计、事故发生数、无事故日数、事故成本、安全稽核分数、安全检查次数、员工安全训练次数、管理高层安全巡视次数、员工安全行为水平、员工安全态度调查分数及安全示范11项内容。

综上所述,虽然不同的组织、学者主张的安全绩效所包括内容有所不同,但还是可以归纳为两大主要方面:事故发生情况和安全管理系统运行情况。其中事故发生情况包括事故损失(工时损失、事故发生数量、事故损失等)和事故处理(如事故分析、事故调查、事故统计等)。虽然安全系统运行所包括的项目因研究角度、研究对象的不同差异比较大,但是比较一致的观点认为应包括员工安全教育培训、安全设备设施、安全检查的运作情况。

(二)安全绩效评估指标

1. 评估指标

安全绩效评估是指对组织和个人与安全有关的优缺点进行系统描述,是企业检验各项安全管理措施执行成效好坏的一项必要工作,是对危险设备和操作进行有效安全管理的关键。设计或选取安全绩效指标时,要考虑的因素很多,西门斯提出的安全绩效指标设置应遵循的原则被广为接受:评估项目不应仅局限于伤害事故,为避免范围及周期产生偏差,评估周期也不宜太短;评估项目应与执行的所有生产作业效能息息相关,尤其是作业能力相关方面,如此才能抑制某些系统受危害所致的严重后果;评估所得的量化数值,能够由任何学过此评估技术的人员加以复制与应用。

传统上,对安全绩效的评估主要依赖意外事故、伤害等资料。常用的安全绩效评估指标有事故率、事件率、浮动费率、经验修正率、得分卡等,具体说明如下。

（1）事故率

事故率这一指标可以较为直观地反映企业在一段时期内的安全记录,因此很多企业往往就简单地用事故率来反映其安全绩效。但其实这样单一的考虑有其自身的缺陷:事故率通常都是由企业自行上报给有关监督管理机关,并参与或组织事故调查的,这样就需要考虑企业的诚信问题,对企业的主动性要求极为严格。而且仅使用事故率指标评估安全绩效不利于绩效的对比,因为一个工作场所没有发生事故,并不能说明该工作场所的安全状况比另一个发生过安全事故的场所好。

（2）事件率

事件率的确定根据有损失的时间率、损失的工作日、可记录事件（如工作期间与非工作期间造成的伤害、疾病）等。但是这种方法的一个弊端就是对于安全绩效的反映并不客观,体现在对事件的定义上。由于国外的事件率统计多以计算机系统管理为主,因此由于程序定义的不同,对认定事件的含义也可能有所偏差。再者,与应用事故率指标类似的问题是,事件率的准确性同样取决于企业的诚信和主动性;同时也要考虑员工的安全意识,有些员工的职业安全意识薄弱,可能也会导致数据的偏颇。

（3）浮动费率（EMR）

应用浮动费率评估企业的安全绩效是一个普遍的做法,EMR 是一直被用来测量企业全面安全记录的指标。EMR 设计的目的是将工伤保险费用与雇主的损失建立更为紧密的联系,根据过去的情况更好地预测企业将来的事故损失,工伤索赔数额高于平均水平的雇主在缴纳工伤保险费时须支付额外的费用,而低于平均水平的雇主享受折扣,减少安全生产的雇主的工伤保险费用而增加不安全生产的雇主的工伤保险费用,并以此来激励企业主改善安全生产水平。

（4）经验修正率

经验修正率是对企业安全现状的评估,主要用于工伤保险估值。保险公司可以利用经验修正率的数值来评估已发生伤害的成本高低和未发生风险的可能性大小。在业务中,经验修正率越小,职工赔偿保险保费就越低,经验修正率对业务有较大的影响。

（5）得分卡

得分卡包括 6 个关键方面——设备的供应和维护,工作环境的营造和维护,信息、教育培训的实施和维护,安全系统的制定和实施,安全管理人员、监督人员的雇用,现场事故报告。这种方法的各因素指标的权重由评估人员来自行设定,没有明确的规定,同时这个方法只考虑了项目工程层面的安全绩效,对企业整体缺乏一定的考虑。

随着我国安全工作的开展,企业也越来越重视其安全生产情况,在生产安全绩效方面也有不少尝试,《职业健康安全管理体系 要求及使用指南》(GB/T 45001)将安全绩效定义为:基于职业健康安全方针和目标,与组织的职业健康安全奉献控制有关的,职业健康安全管理体系的可测量的结果。绩效是可测量的,如职业病减少多少,未发生事故等。表征安全绩效的量即安全绩效指标,可分为事故损失(包括经济损失、工时损失)和工伤事故率(如轻伤事故率、重伤事故率、万人死亡率等)。

2. 评估指标存在的不足

通过对这些安全绩效评估指标的分析,我们可以看到,这样简单的数据并不能完整地体现企业的安全管理状况,单以意外事故数据衡量安全绩效是不恰当的,如不敏感、材料可信度不高、后回溯、忽视客观的风险概率等,无法真正评估企业的安全绩效,而且这样的做法对于事故预防的贡献是有限的。尤其在考虑企业性质不同,遭遇危害状况有所差异的情况时,并无比较价值存在,不可将事故资料作为衡量安全绩效的唯一依据。在进行绩效评估指标的选取时,除了考虑事故损失相关指标外,还要考虑反映企业安全生产系统运行状况的指标。国外对安全绩效的概念及应用研究较为深入,已经从先期对安全绩效评估狭隘的思想中有所改进和向深层次扩展,对安全绩效及指标的概念有进一步的描述,同时对如何进行安全绩效评估也有很多的研究与实践。相较而言,我国对安全绩效管理的发展还仅仅停留在指标含义、重要性等基础概念方面,而对安全绩效评估的理解上也还处于国外安全绩效评估的初级阶段,国内企业在安全绩效研究及应用方面存在以下一些问题:

(1)对于安全绩效的理解存在偏差。目前国内的企业在谈及安全绩效时往往会认为他们正在进行的绩效考核就是安全绩效评估,其实不然。企业现行的绩效考核是一种针对员工工作能力及完成情况的考核与评估,是一种人事评估,而安全绩效评估应该是对企业整体的安全水平进行综合评估的方法。

(2)对于安全绩效指标的理解过于狭隘。认为表现企业安全水平的安全绩效指标就是死亡率、伤亡率等指标。这样的数据只反映了企业的安全管理结果,并不能完全表现企业的安全管理状况,作为表征企业安全绩效的指标有欠完善。因此,部分学者和机构在进行绩效评估指标的选取时除了考虑事故损失相关指标外,还考虑了反映企业安全生产系统运行状况的指标。英国标准 BS 8800 中将安全绩效评估分为主动式指标和被动式指标。国内部分学者提出了包含 10 个一级指标(50 个二级指标)的安全绩效评价指标体系:安全生产政策及远景、安全目标规划、安全机构设置及培训、管理层审查、生产作业管理、风险评估与事故预防、事故应急及处理、职业灾害指标、损失事故指标、调查审核与绩效评量等。

由此可见,用事故发生相关资料来测量企业的安全绩效时,必须承认仅用事故发生指标来评估安全和绩效是不全面的,需要与安全主动性指标(反映企业安全管理系统运行状况的指标)结合起来进行评估,但在安全主动性指标的选取上,并没有达成共识,建立的指标差异比较大,这与各行业或企业都有其适用环境和特点密切相关。

六、安全教育培训

（一）三级安全教育培训

三级安全教育是指公司、项目、班组的安全教育，是我国多年积累、总结并形成的一套行之有效的安全教育培训方法，一般由企业的安全、教育、劳动、技术等部门配合组织进行。

公司级安全生产教育培训是入职教育的一个重要内容，其重点是国家和地方有关安全生产法律法规、规章、制度、标准及企业安全管理制度和劳动纪律、从业人员安全生产权利和义务等，教育培训的时间不得少于15学时。

项目级安全生产教育培训是在从业人员工作岗位、工作内容基本确定后进行，由项目或公司部门一级组织，培训重点是工地安全生产管理制度、安全职责和劳动纪律、个人防护用品的使用和维护、现场作业环境特点、不安全因素的识别和处理、事故防范等，教育培训的时间不得少于15学时。

班组级安全生产教育培训是在从业人员工作岗位确定后，由班组组织，除班组长、班组技术员、安全员对其进行安全教育培训外，自我学习是重点。我国传统的师父带徒弟的方式，也是搞好班组安全教育培训的一种重要方法。进入班组的新从业人员，都应有具体的跟班学习、实习期，实习期间不得安排单独上岗作业。实习期满，通过安全规程、业务技能考试合格方可独立上岗作业。班组安全教育培训的重点是本工种的安全操作规程和技能、劳动纪律、安全作业与职业卫生要求、作业质量与安全标准、岗位之间的衔接配合注意事项、危险点识别、事故防范和紧急避险方法等，教育培训时间不得少于20学时。

新员工工作一段时间后，为加深其对三级安全教育的感性和理性认识，也为了使其适应现场变化，必须进行安全继续教育，培训内容可从原来的三级安全教育内容中有重点地选择，并进行考核，不合格者不得上岗。

（二）特殊安全教育培训

1. 特种作业安全教育培训

特种作业是指容易发生事故，对操作者本人、他人的安全健康及设备、设施的安全可能造成重大危害的作业。直接从事特种作业的从业人员称为特种作业人员，特种作业的范围包括电工作业、焊接与热切割作业、高处作业、制冷与空调作业及应急管理部认定的其他作业。

根据《特种作业人员安全技术培训考核管理规定》，特种作业人员必须经专门的安全技术培训并考核合格，取得"中华人民共和国特种作业操作证"后，方可上岗作业。特种作业人员的安全技术培训、考核、发证、复审工作实行"统一监管、分级实施、教考分离"的原则。特种作业人员应当接受与其所从事的特种作业相应的安全技术理论培训和实际操作培训。跨省（自治区、直辖市）从业的特种作业人员，可以在户籍所在地或者从业所在地参加培训。

从事特种作业人员安全技术培训的机构(统称培训机构),必须按照有关规定取得安全生产培训资质证书后,方可从事特种作业人员的安全技术培训。培训机构应当按照特种作业人员培训大纲进行特种作业人员的安全技术培训。特种作业操作证有效期为6年,在全国范围内有效。特种作业操作证由安全监管总局统一式样、标准及编号。特种作业操作证每3年复审1次。特种作业人员在特种作业操作证有效期内,连续从事本工种10年以上,严格遵守有关安全生产法律法规的,经原考核发证机关或者从业所在地考核发证机关同意,特种作业操作证的复审时间可以延长至每6年1次。

特种作业操作证申请复审或者延期复审前,特种作业人员应当参加必要的安全培训并考试合格。安全培训时间不少于8个学时,主要培训法律、法规、标准、事故案例和有关新工艺、新技术、新装备等知识。再复审、延期复审仍不合格,或者未按期复审的,特种作业操作证失效。

2. 转岗或离岗安全教育

从业人员调整工作岗位后,由于岗位工作特点、要求不同,应重新进行新岗位安全教育培训,并经考试合格后方可上岗作业。

由于工作需要或其他原因离开岗位1年后重新上岗作业的,应重新进行安全教育培训,经考试合格后,方可上岗作业。一般情况下,作业岗位安全风险较大、技能要求较高的岗位,时间间隔可缩短,由企业自行规定。

调整工作岗位和离岗后重新上岗的安全教育培训工作,原则上应由班组级组织。

待岗、转岗的职工,上岗前必须经过安全生产教育培训,培训时间不得少于20学时。

(三)日常安全教育培训

日常安全教育培训旨在提高员工的安全意识,减少工作中的事故风险,保障员工的人身安全和健康。其内涵在于建立一个系统化的过程,使员工能够理解潜在的危害因素,掌握正确的安全操作规程,从而有效地预防事故发生。以下是日常安全教育培训的主要内涵和内容。

1. 日常安全教育培训的内涵

(1)预防为主:强调通过事前的预防措施来避免事故的发生,而不是事后处理。

(2)全员参与:不仅仅针对一线工人,包括管理层在内的所有员工都应当参与到安全教育中来。

(3)持续改进:安全教育不是一次性的活动,而是一个持续的过程,需要不断地根据实际情况调整和完善。

(4)文化构建:形成一种重视安全的企业文化,使安全成为每个人日常工作的一部分。

2. 日常安全教育培训的内容

(1)基础安全知识:介绍常见的安全隐患、事故类型及其原因分析,帮助员工识别工作环境中可能存在的危险。

（2）规章制度：详细讲解企业内部的安全管理制度、操作规程以及相关的法律法规要求。

（3）个人防护：教授正确使用个人防护装备（如安全帽、防护眼镜、防尘口罩等）的方法。

（4）急救知识：培训员工基本的急救技巧，如心肺复苏术、止血包扎等，以便在紧急情况下能够自救互救。

（5）应急响应：模拟各种紧急情况（火灾、化学品泄漏等），指导员工如何迅速有效地采取行动。

（6）案例分析：通过分析真实的事故案例，让员工从中吸取教训，认识到错误行为可能导致的严重后果。

（7）心理健康：关注员工的心理健康状态，提供应对工作压力的方法，防止因心理问题引发的安全隐患。

通过这些内涵和内容的结合，日常安全教育培训能够帮助企业和员工建立起一套行之有效的安全管理机制，为创造一个更加安全的工作环境打下坚实的基础。

七、综合演练

（一）应急预案的培训

只有人员接受了计划的所有内容、实施时的作用以及各行动之间如何配合的培训后，计划才会变得有效。应急组织内制定和执行培训计划对整个应急准备过程是至关重要的。有关领导、应急反应小组和医疗人员必须全部经过培训。课堂讲座、观摩演示和参加训练可以检验计划的充分性，保持应急反应人员的良好准备性。为减少培训量，应急组织职位应该与个人的日常职责尽可能一致。起始阶段，应急管理协调员应该是第一反应组织的领导，一般是公安消防部门的负责人。不过，当整个应急反应组织建立起来之后，应急管理协调员的功能应转移给地方管辖区负责公众安全和健康职责的官员。工作任务分析可以保证合适的组织和人员处于应急组织的适当职位，而且可以辨识出除了计划整体要求外的所有必需的专门培训。每个参与机构或组织应准备自己的工作任务分析。工作任务分析可包括以下基本内容：

（1）主要职责。

（2）支持性任务。

（3）每项任务的输入、分析和输出。

（4）每项任务的负责人。

（5）获得和报告结果的衔接。

（6）成员完成各自任务所需要的设备、物资和设施。

工作任务分析可提供培训课程计划的基本内容。它们也要由计划小组进行审查，查找冲突的内容，特别要注意各个任务之间的衔接。各种信息/通信方式的流程图可以检查出信息是否正确传达给最终使用者，这样就可以解决冲突的问题。

在确定谁需要什么培训时，可编制一个类似应急功能职责表的图表。横栏为课程计划或模式,纵栏为应急组织中的各个小组。通过比较这两个样表(职责表和培训表)就可以立刻找出每个机构和组织所需要的专门培训。

许多培训计划的共同缺点是对应急组织人员变化的关注不够充分,这些变化包括地方选举、任命和增加新人及人员的调动等。对自愿应急反应人员的培训也因为时间限制和缺乏经费而比专职应急人员更困难。

培训计划的目的是保证参加者充分了解他们的计划和程序,培养在复杂情况下从容决策的领导才能和通信联络技术。

培训计划必须完善和互相协调。培训计划的协调由工厂、地方来完成,如可能,由省或国家的应急组织来进行,以避免重复浪费。应急反应人员培训的次数极大地影响到模拟或实际紧急情况下的反应能力。

一个良好的培训计划的主要内容有:

(1) 培训计划目标的确定。

(2) 确定各培训小组。

(3) 建立各小组、各任务的培训目标。

(4) 准备学员培训指南和直观教具。

(5) 个人授课计划的准备,如允许可包括实战经验。

(6) 培训日程的确定。

(7) 培训计划的评估和校正。

良好的培训计划不仅提供所有任务的最初培训,而且应该提供定期回顾培训,以考查接受初期培训后的人员,同时还应提供新增人员的培训。

(二)演习和训练的规定

目前最好的应急处置能力培训是参加模拟事故场景的演习和训练,这样有助于获得良好的经验,也可加强公共关系。训练演习可以让人们充分认识应急计划在发生紧急事故时的作用,还可以辨识出需要改进的地方。

训练不可能总是事先计划好的。突然发生的危险物质泄漏事故就是一次没有计划的训练。地方应急计划者应提供该情况下事故回顾和评估的程序。

经常检验应急计划的内容是必要的,可以通过会议模拟训练和微型演习来检验某些重要方面,如应急通报和通信联络。建议每年举行工厂和社区应急反应人员参加的全体演习。

无论训练是针对应急计划的局部还是针对全面的操作检验,其制定程序都是相同的,但全面训练的计划过程要做更周密的考虑。作为计划过程的一部分,应特别注意以下几点:

(1) 确定目标。总体目标——适合于所有人;专项目标——针对每个参加功能小组。

(2) 确定参加人。训练者——每项功能的负责人及其代理人员;主持人/控制人——保证事故场景顺利进行;评审人。

(3) 设立场景。准备草拟场景摘要以备征求意见和批准;拟定全面场景,具有特定行动以测试是否达到目标;获得对草拟场景的意见和批准。

（4）最后完善场景。准备辅助材料（注意:下面适用于会议模拟训练,这个训练单必要时可扩展到全面训练）;地图,包括受破坏区域、疏散路线、易受影响区域;数据表:气象、漏/行动级别、剂量（如合适）;应急组织结构图;指导反应人员的信息或问题;通报信息表;训练说明,包括目的、议程、范围、方法、训练规则等。

（5）后勤安排。确定日期、时间和持续时间（包括评审时间）;在选定的时间准备的设施和房间;邀请参加者;确定训练人员、主持人员、评审人员和参观人员易识别的袖标、帽子、上衣的图案标志;准备场景包装和说明手册等。

（6）进行训练和评审。准备书面评审（包括保证辨识出的改进的行动）,以便在后面解决。训练后的评审会最好在演习或训练后立即进行,包括所有参加者。这时,事故和反应行动在他们的脑海中比较清晰,这些人可以提供反馈调查表。然后是书面评估,来总结参加者的意见,这也是很重要的。训练可以发现计划中的不足,例如会发现设备（最常见的是通信设备）、操作规程、协议或机构之间的关系,通常它可以指示出培训计划需要改善的方面。为纠正这些缺陷,要建立一个行动系统。可以通过该系统确定出辨识的问题、责任人和预期解决日期。

（三）应急预案的演练

应急预案的演练是检验、评价和保持应急能力的重要手段。其重要作用突出体现在:可在事故真正发生前暴露预案和程序的缺陷,发现应急资源（包括人力和设备等）的不足,改善各应急部门、机构、人员之间的协调性,增强公众应对突发重大事故救援的信心和应急意识,提高应急人员的熟练程度和技术水平,进一步明确各自的岗位与职责,提高各级预案之间的协调性和整体应急反应能力。

1. 演练类型

演练可采用不同规模的应急演练方法进行。演练要求对应急预案的完整性和周密性进行评估。演练的类型有桌面演练、功能演练和全面演练等。

（1）桌面演练

桌面演练是指由应急组织的代表或关键岗位人员参加的,按照应急预案及其标准工作程序,讨论紧急情况时应采取行动的演练活动。桌面演练的特点是对演练情景进行口头练,一般是在会议室内举行。其主要目的是锻炼参演人员解决问题的能力,以及解决应急组织相互协作和职责划分的问题。

桌面演练一般仅限于有限的应急响应和内部协调活动。应急人员主要来自本地应急组织。事后一般采取口头评论形式收集参演人员的建议,并提交一份简短的书面报告,总结演练活动和提出有关改进应急响应工作的建议。桌面演练方法成本较低,主要为功能演练和全面演练做准备。

（2）功能演练

功能演练是指针对某项应急响应功能或其中某些应急响应行动举行的演练活动。主要目的是针对应急响应功能,检验应急人员以及应急体系的策划和响应能力。例如,指挥和控制功能的演练,其目的是检测、评价多个政府部门在紧急状态下实现集权式的运行和响应能力,演练地点主要集中在若干个应急指挥中心或现场指挥部,并开展有限的现场活动,调用有限的外部资源。功能演练比桌面演练规模要大,需动员更多的应急人员和机构,因而协调工作的难度也随着更多组织的参与而加大。演练完成后,除采取口头评论形式外,还应向地方提交有关演练活动的书面汇报,提出改进建议。

（3）全面演练

全面演练指针对应急预案中全部或大部分应急响应功能,检验、评价应急组织应急运行能力的演练活动。全面演练一般要求持续几个小时,采取交互式方式进行,演练过程要求尽量真实,调用更多的应急人员和资源,并开展人员、设备及其他资源的实战性演练,以检验相互协调的应急响应能力。与功能演练类似,演练完成后,除采取口头评论、书面汇报外,还应提交正式的书面报告。

2. 演练的参与人员

应急演练的参与人员包括参演人员、控制人员、模拟人员、评价人员和观摩人员。这五类人员在演练过程中都有着重要的作用,并且在演练过程中都应佩戴能表明其身份的识别符。

（1）参演人员

参演人员是指在应急组织中承担具体任务,并在演练过程中尽可能对演练情景或模拟事件做出真实情景下可能采取的响应行动的人员,相当于通常所说的演员。参演人员所承担的具体任务主要包括:

① 救助伤员或被困人员。

② 保护财产或公众健康。

③ 获取并管理各类应急资源。

④ 与其他应急人员协同处理重大事故或紧急事件。

（2）控制人员

控制人员是指根据演练情景,控制演练时间进度的人员。控制人员根据演练方案及演练计划的要求,引导参演人员按响应程序行动,并不断给出情况或消息,供参演的指挥人员进行判断、提出对策。其主要任务包括:

① 确保规定的演练项目得到充分的演练,以利于评价工作的开展。

② 确保演练活动的任务量和挑战性。

③ 确保演练的进度。

④ 解答参演人员的疑问,解决演练过程中出现的问题。

⑤ 保障演练过程的安全。

（3）模拟人员

模拟人员是指演练过程中扮演、代替某些应急组织和服务部门,或模拟紧急事件、事态发展的人员。其主要任务包括:扮演、代替正常情况或响应实际紧急事件时应与应急指挥中心、现场应急指挥所相互作用的机构或服务部门,尽管由于各方面的原因,这些机构或服务部门并不参与此次演练;模拟事故的发生过程,如释放烟雾、模拟气象条件、模拟泄漏等;模拟受害或受影响人员。

（4）评价人员

评价人员是指负责观察演练进展情况并予以记录的人员。其主要任务包括观察参演人员的应急行动,并记录观察结果,以及在不干扰参演人员工作的情况下,协助控制人员确保演练按计划进行。

（5）观摩人员

观摩人员是指来自有关部门、外部机构以及旁观演练过程的观众。

3. 演练实施的基本过程

由于应急演练是由许多机构及组织共同参与的一系列行为和活动,因此,应急演练的组织与实施是一项非常复杂的任务,建立应急演练策划小组（或领导小组）是成功组织和开展应急演练工作的关键。策划小组应由多种专业人员组成,包括来自消防、公安、医疗急救、应急管理、市政、学校、气象部门的人员,以及新闻媒体、企业、交通运输单位的代表等;必要时,军队、核事故应急组织或机构也可派出人员参加策划小组。为确保演练的成功,参演人员不得参加策划小组,更不能参与演练方案的设计。综合性应急演练的过程可划分为演练准备、演练实施和演练总结 3 个阶段。

4. 演练结果的评价

应急演练结束后应对演练的效果做出评价,并提交演练报告,详细说明演练过程中发现的问题。按照对应急救援工作及时有效性的影响程度,将演练过程中发现的问题分为不足项、整改项和改进项。

（1）不足项

不足项指演练过程中观察或识别出的应急准备缺陷,可能导致在紧急事件发生时,不能确保应急组织或应急救援体系有能力采取合理应对措施,保护公众的安全与健康。不足项应在规定的时间内予以纠正。演练过程中发现的问题确定为不足项时,策划小组负责人应对该不足项进行详细说明,并给出应采取的纠正措施和完成时限。最有可能导致不足项的应急预案编制要素包括:职责分配,应急资源,警报、通报方法与程序,通信,事态评估,公众教育与公共信息,保护措施,应急人员安全和紧急医疗服务等。

（2）整改项

整改项指演练过程中观察或识别出的,不可能单独在应急救援中对公众的安全与健康造成不良影响的应急准备缺陷。整改项应在下次演练前予以纠正。在以下两种情况下,整改项可列为不足项:一是某个应急组织中存在 2 个以上整改项,共同作用可影响保护公众安全与健康能力的;二是某个应急组织在多次演练过程中,反复出现前次演练发现的整改项问题的。

（3）改进项

改进项指应急准备过程中应予改善的问题。改进项不同于不足项和整改项,它不会对人员安全与健康产生严重的影响,视情况予以改进,不必一定要求予以纠正。

第五章 安全物态文化篇

一、本质安全化

（一）本质安全化内涵

1977 年，Trevor Kletz 教授首次提出化工过程本质安全化的概念，为过程安全的内涵赋予了新的含义："预防化学工业中重大事故的频发的最有效手段，不是依靠更多、更可靠的附加安全设施，而是从根源上消除或减小系统内可能引起事故的危险，来取代这些安全防护装置。"1991 年，Trevor Kletz 教授给出了基本原则来定义"本质安全化"，见表 5-1。

表 5-1　本质安全化通则

通则	释义
最小化	减少系统中危险物质
替换	使用安全或危险性较小的物质或工艺替代危险的物质或工艺
缓和	采用危险物质的最小危害形态或者是危害最小的工艺条件
限制影响	通过改进设计和操作，限制或减小事故可能造成的破坏程度
简化	通过设计简化操作，减少安全防护装置使用，减少人为失误的可能性
容错	使工艺设备具有容错功能，保证设备能够经受扰动，反应过程能承受非正常反应

20 世纪 80 年代以来，美国、加拿大、欧盟等国家和地区已经对本质安全化这一课题开展了一系列的研究和实际应用，取得了一定的成果。1997 年，由欧盟资助的 INSIDE (inherent SHE in design project team)项目研究了本质安全化技术在欧洲过程工业的应用，主要目的是验证本质安全化设计方法在化学工业应用的可行性，鼓励化学工艺和设备本质安全化的应用及研究，提出了乙烯类本质安全化应用技术方法。在 2000 年，有关本质安全健康环境分析方法工具箱的研究有了一定的成果。在 2001 年，Mansfield 整理工具箱的相关理论并发表报告。工具箱收集了 31 种方法，主要是在设计阶段从安全、健康、环境角度分析工艺优化选择问题。工具箱分为 4 个过程，分别是化学路线的选择、化学路线的具体评价分析、工艺过程设计的最优化和工艺设备设计，主要覆盖设备寿命周期的早期设计阶段。相关研究者根据欧洲一些化工企业运用本质安全健康环境分析方法工具箱的实际情况，分析得出本质安全化原理是有效的，该工具箱是可行的，在设计早期阶段运用更经济。但在设计的早期阶段由于得不到全面的数据信息，只

能采用较为简单的本质安全化分析方法,具有一定的局限性。

(二) 本质安全化评价方法及指标体系

在化工领域中,工艺流程的选择是初期设计中的一个关键问题,"本质安全"的工艺方法能起到减少和控制风险的效果,然而就目前来说,绝对的本质安全是不存在的,因此人们就需要寻找合适的方法来评价每个过程中本质安全化的程度,把安全、健康以及环境的影响进行量化,描述指标可以包括温度、压力、屈服强度以及工作介质等多个方面。当前,国内外从事这一领域的研究者较多,但多以定性研究为主,定量研究的成果相对较少,其中具有代表性的化学工艺过程本质化安全分析的方法主要有以下几种:

(1) Edwards 和 Lawrenee 提出的 PIS(prototype index of inherent safety)法,主要目的是对化工工艺过程路线的选择进行评价,对每个指标给定安全系数,并对较容易获得信息的指标进行分析,最后得出安全系数之和。这种方法应用比较广泛,但没有综合考虑化工过程的安全、环境与职业健康,评价简单化。

(2) Heikkila 和 Hurme 提出的 ISI(inherent safety index)法,这种方法是在 PIS 指标基础上发展而来的,扩大了本质安全指标的范围,对过程的把握更加全面,实施需结合化工事故统计数据、专家经验及专业技术分析。但这种方法对指标权重和等级的划分比较主观,所得结果可能产生较大差异,可比性不佳。

(3) Koller 等人提出的 SHE(safety,health and environmental)评估方法。

(4) Khan 和 Amyotte 提出的 HSI(integrated inherent safety index)法,这种方法结合了 H(hazard index)和 ISPI(inherent safety potential index)的优点来进行化工工艺过程本质安全化量化计算。它将本质安全的应用程度转换成指标形式,来评价过程的本质安全性,能够较为直观地显示本质安全化原理的应用对过程的影响。相比 PIS、ISI 以及 SHE 等孤立的指标结构是一个明显的进步。

近几年来,又有很多本质安全的评价方法和指标陆续推出,如 ISIM、TRIZ、IBI、PRI 等,这些方法各具特色,在多个方面逐步推进和完善了本质安全化评价的理念和可操作性。

国内方面,对本质安全的研究起步较晚,这方面的专题研究开展得较少,但是国内也越来越重视本质安全化研究,通过吸收和总结国外的成果,在诸如《职业安全卫生术语》(GB/T 15236)、《化工企业安全卫生设计规范》(HG 20571)等一些标准、规范中逐步推广本质安全化的理念和方法。

二、安全视觉导向系统

视觉导向系统,英译为"signs system"。"sign"有标识之意,所以简单来说,视觉导向系统设计就是对于标识标牌的设计,以艺术化的处理方法,达到指引方向、指示标记的作用。从设计的角度来讲,视觉导向系统就是运用一些文字、图形、符号等要素,向人们准确地表达出目的地的详细位置与信息,一套完整的视觉导向系统,有益于人们瞬间理解与识别,以提高效率。

（一）颜色识别

安全色是表达安全信息含义的颜色。国家规定的安全色有红、蓝、黄、绿四种颜色。

1. 红色

红色表示禁止、停止、危险以及消防设备的含义，凡是禁止、停止、消防和有危险的器件或环境均应涂以红色标记作为警示信号。应用于各种禁止标志、交通禁令标志、消防设备标志、机械的停止按钮、刹车及停车装置的操纵手柄、机器转动部件的裸露部分（飞轮、齿轮、皮带轮等轮辐部位）等，如图5-1所示。

禁止标志　　　　道路交通禁令标志　　　消防标志　　　　灭火器
（禁止烟火）　　　（禁止左转弯）　　　（灭火器标志）

图 5-1　红色标志

2. 蓝色

蓝色表示指令，要求人们必须遵守的规定。应用于各种指令标志和指示车辆及行人行驶方向的各种交通标志，如图5-2所示。

指令标志　　　　　　　交通指示标志
（必须戴安全帽）　　　　　（直行）

图 5-2　蓝色标志

3. 黄色

黄色表示提醒人们注意，凡是警告人们注意的器件、设备及环境都应以黄色表示。应用于各种警告标志、道路交通标志和标线、警戒标记（如危险机器和坑池周围的警戒线等）、各种皮带轮及防护罩的内壁、警告信号旗等，如图5-3所示。

4. 绿色

绿色表示给人们提供允许、安全的信息。应用于各种提示标志、车间厂房内的安全通道、行人和车辆的通行标志、消防疏散通道、其他安全防护设备标志、机器启动按钮及安全信号旗等，如图5-4所示。

警告标志
（高压危险）

道路交通警告标志
（T型交叉路口）

图 5-3　黄色标志

提示标志
（从此上下）

提示标志
（导向箭头）

图 5-4　绿色标志

（二）标志识别

安全标志是由安全色、几何图形和图形符号构成的，用以表达特定安全信息的标记。安全标志的作用是引起人们对不安全因素的注意，预防发生事故。安全标志分为禁止标志、警告标志、指令标志和提示标志 4 类，此外还有道路交通标志和安全警示线等。

1. 禁止标志

禁止标志是禁止人们不安全行为的图形标志，如图 5-5 所示。

图 5-5　禁止标志

2. 警告标志

警告标志是提醒人们对周围环境引起注意，促使人们提高对可能发生危险的警惕性，以避免可能发生危险的图形标志，如图 5-6 所示。

图 5-6　警告标志

3. 指令标志

指令标志是强制人们必须做出某种动作或采取防范措施的图形标志，如图 5-7 所示。

图 5-7　指令标志

4. 提示标志

提示标志是向人们提供某种信息(如标明安全设施或场所等)的图形标志,如图 5-8 所示。

图 5-8 提示标志

5. 道路交通标志

道路交通标志是用图形符号、颜色和文字向交通参与者传递特定交通管理信息的一种交通管理标志,如图 5-9 所示。

图 5-9 道路交通标志

6. 安全警示线

安全警示线是界定和分隔危险区域的标识线,如图 5-10 所示。

(三)行为识别

1. 安全帽制作使用规范

(1)制作规范

① 质量要求:应符合国家标准《头部防护 安全帽》(GB 2811)中各项性能要求,如图 5-11 所示。

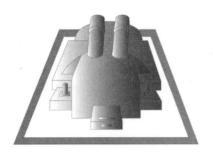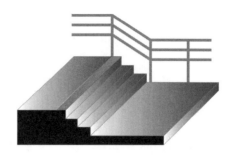

安全警戒线
（设备周围）

防止踏空线
（楼梯第一级台阶）

图 5-10　安全警示线

管理人员（红色）　　　　　　　　　运行人员（黄色）

承包商（黄色）　　　　　　　　　检修人员（蓝色）

承包商（蓝色）　　　　　　　　　外部人员（白色）

图 5-11　各级安全帽

② 颜色:安全帽制作分为 4 种颜色,分别为红、黄、蓝、白。

③ 字样:安全帽前面为集团公司的 logo 标识,其中,红、蓝色安全帽 logo 为白色印刷,字为白色;黄、白色安全帽 logo 为彩色印刷,字为黑色。安全帽后面:本厂员工为"永州公司"字样和员工工号;长期承包商为"承包商"字样;外部人员为"永州公司"字样。

④ 字体及尺寸:"永州公司"的字体为思源黑体(Bold),字高 14 mm;员工工号的字体为 Arial(Bold),字高 7 mm;logo 尺寸为 50 mm×48 mm;"承包商"的字体为思源黑体(Bold),字高 14 mm。

（2）佩戴要求

① 佩戴范围:所有员工、承包商和外部人员等进入现场必须佩戴安全帽。

② 佩戴种类:红色:管理人员,包括公司领导及各级管理人员、值长、班长、安全员、承包商管理人员及安全员、安全监理等。黄色:运行人员,包括运行操作、巡检人员及所属长期运行承包商人员。蓝色:检修人员,包括检修、维护作业人员及所属长期检修承包商人员(除运行、检修以外的长期承包商建议使用蓝色)。白色:外部人员。

③ 自本手册印发之日起,新制作安全帽采用本标准(图 5-12),原安全帽待保质期失效后逐步进行替代。

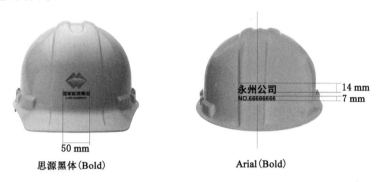

图 5-12　标准安全帽

2. 袖标制作使用规范

各级人员身份臂章示例如图 5-13 所示。

图 5-13　各级人员身份臂章

三、安全标识标牌

（一）标识标牌的概念及内容

广义上讲，标识标牌是融合规划、建筑、空间、雕塑、逻辑、色彩、美学、材质组合于一体的产物，它既不是简单的文字，更不是所谓的牌子，它是与环境相融的独一无二的艺术作品。

狭义上讲，标识标牌是为了增强视觉效果而设置的标牌，在概念上应称为板式标牌，主要分为横式和竖式两大类；从材质上分为金属和塑料两大类。它主要是为了达到塑造安全文化氛围、提高安全管理水平、增强员工安全意识进而减少安全隐患的目的而设置的。

繁多的标识标牌概括起来其内容无外乎以下几个大类：① 指示性的标识标牌，如避灾路线牌、中段名称牌等。② 定置性的标识标牌，如配电柜定置牌、压风自救及供水施救牌等。③ 警示性的标识标牌，如顶板管理牌以及载有各类温馨提示语的标牌等。④ 禁止性的标识标牌，比如"严禁携带烟草下井""严禁酒后上岗"之类带有禁止性语言和标志的标牌。

（二）安全标志设置规范及安装

1. 安全标志的设置规范

（1）安全标志应设置在与安全有关的明显地方，并保证人们有足够的时间注意其所表示的内容。

（2）设立于某一特定位置的安全标志应被牢固地安装，保证其自身不会产生危险，所有的标志均应具有坚实的结构。

（3）当安全标志被置于墙壁或其他现存的结构上时，背景色应与标志上的主色形成对比色。

（4）对于显示的信息已经无用的安全标志，应立即由设置处卸下，这对于警示特殊的临时性危险的标志尤其重要，否则会导致观察者对其他有用标志的忽视和干扰。

（5）多个标志牌在一起设置时，应按警告、禁止、指令、提示类型的顺序，先左后右、先上后下地排列。

2. 安全标志的安装

（1）防止危害性事故的发生。首先要考虑所有标志的安装位置都不可存在对人的危害。

（2）可视性。标志安装位置的选择很重要，标志上显示的信息不仅要正确，而且对所有的观察者要清晰易读。

（3）安装高度。通常标志应安装于观察者水平视线稍高一点的位置，但有些情况置于其他水平位置则是适当的。

（4）危险和警告标志。危险和警告标志应设置在危险源前方足够远处，以保证观察者在首次看到标志及注意到此危险时有充足的时间，这一距离随不同情况而变化。

例如,警告不要接触开关或其他电气设备的标志,应设置在它们近旁,而大厂区或运输道路上的标志,应设置于危险区域前方足够远的位置,以保证在到达危险区之前就可观察到此种警告,从而有所准备。

(5) 安全标志不应设置于移动物体上,例如门,因为物体位置的任何变化都会造成对标志观察变得模糊不清。

(6) 已安装好的标志不应任意移动,除非位置的变化有益于标志的警示作用。

四、安全设施设备

(一) 安全设施设备概念

安全设施,是指企业(单位)在生产经营活动中将危险有害因素控制在安全范围内以及预防、减少、消除危害所配备的装置(设备)和采取的措施。

(二) 安全设施设备分类

安全设施分为预防事故设施、控制事故设施、减少与消除事故影响设施3类。

1. 预防事故设施

(1) 检测、报警设施

① 压力、温度、液位、流量、组分等报警设施。

② 可燃气体、有毒有害气体等检测和报警设施。

③ 用于安全检查和安全数据分析等检验、检测和报警设施。

(2) 设备安全防护设施

① 防护罩、防护屏、负荷限制器、行程限制器、制动、限速、防雷、防潮、防晒、防冻、防腐、防渗漏等设施。

② 传动设备安全闭锁设施。

③ 电气过载保护设施。

④ 静电接地设施。

(3) 防爆设施

① 各种电气、仪表的防爆设施。

② 阻隔防爆器材、防爆工器具。

(4) 作业场所防护设施

作业场所的防辐射、防触电、防静电、防噪声、通风(除尘、排毒)、防护栏(网)、防滑、防灼烫等设施。

(5) 安全警示标志

① 包括各种指示、警示作业安全和逃生避难及风向等警示标志、警示牌、警示说明。

② 厂内道路交通标志。

2. 控制事故设施

(1) 泄压和止逆设施

① 用于泄压的阀门、爆破片、放空管等设施。

② 用于止逆的阀门等设施。

（2）紧急处理设施

① 紧急备用电源、紧急切断等设施。

② 紧急停车、仪表连锁等设施。

3. 减少与消除事故影响设施

（1）防止火灾蔓延设施：

① 阻火器、防火梯、防爆墙、防爆门等隔爆设施。

② 防火墙、防火门等设施。

③ 防火材料涂层。

（2）灭火设施：灭火器、消火栓、高压水枪、消防车、消防管网、消防站等。

（3）紧急个体处置设施：洗眼器、喷淋器、应急照明等。

（4）逃生设施：逃生安全通道（梯）。

（5）应急救援设施：堵漏、工程抢险装备和现场受伤人员医疗抢救装备。

（6）劳动防护用品：包括头部，面部，视觉、呼吸、听觉器官，四肢，身躯防火、防毒、防烫伤、防腐蚀、防噪声、防光射、防高处坠落、防砸击、防刺伤等免受作业场所物理、化学因素伤害的劳动防护用品和装备。

五、安全展览

（一）安全展览内涵及内容

安全展览通常是指为了提升公众的安全意识，普及安全知识，强化安全技能而举办的展览活动。这类展览可能由政府机构、非营利组织或企业举办，旨在通过多种展示手段向参观者提供关于如何避免危险、应对紧急情况的信息。安全展览的内涵在于它不仅是一种信息传播的方式，也是一种教育工具，能够帮助人们在日常生活中更好地保护自己和他人的安全。

安全展览的内容通常涵盖多个方面，包括但不限于：

（1）安全意识教育：通过展览中的图文、视频、演示和互动活动来提高人们对个人安全重要性的认识。

（2）灾害防护指南：提供关于如何预防自然灾害（如地震、火灾、洪水等）的知识，并教导公众如何在这些灾害发生时保护自己。

（3）交通安全教育：强调道路交通规则的重要性，教授安全驾驶技巧，减少交通事故的发生。

（4）网络安全宣传：教导公众如何在网络上保护自己的隐私，识别并防范网络欺诈行为。

（5）楼宇智能化技术：展示现代化楼宇安全管理技术，比如自动控制系统、综合布线、智能对讲系统等。

（6）消防安全：介绍先进的消防技术和设备，以及火灾预防和逃生技巧。

（7）公共安全产品和技术：展出用于提高公共安全水平的各种产品和技术解决方案。

（8）国家安全教育：增强公民对国家安全的认识，理解维护国家安全的重要性。

这些展览通常会采用多媒体技术、实物展示、互动体验等多种方式来吸引参观者的兴趣，使他们能够在参与过程中更加深入地理解和掌握安全知识。此外，一些展览还会配合举办讲座、研讨会等活动，邀请专家讲解相关领域的最新进展和实用技巧。

（二）安全展览的作用

安全展览是一种旨在提高公众安全意识、普及安全知识、强化安全技能的综合性活动。其作用体现在以下几个方面。

1. 提高公众安全意识

展览通过展示真实的事故案例、事故现场的照片和视频资料等方式，让参观者深刻体会到安全事故的严重性和后果，从而增强他们的安全意识。

设置情景模拟区，如火灾现场、地震体验区等，使参观者能够亲身体验潜在的危险情境，加深对安全重要性的认识。

2. 普及安全知识

展览提供丰富的信息板和宣传手册，详细介绍了各类安全知识，如防火、防盗、防灾等，方便观众随时查阅。

邀请安全专家进行现场讲解，解答观众的问题，传授实用的安全知识，帮助人们更好地了解如何预防和应对各种安全隐患。

3. 技能培训

设立互动体验区，让参观者可以亲自参与急救技能的模拟练习，如心肺复苏术、止血包扎等。

组织小型应急演练，如疏散演习、火灾逃生训练等，让参观者在实践中学习和掌握必要的应急技能。

4. 推广新技术、新产品

在展览中展示最新的安防设备和技术，如智能监控系统、自动灭火装置等，让公众了解科技在安全保障中的实际应用。

举办技术论坛或研讨会，邀请专业人士分享最新的研究成果和技术趋势，推动安全技术的进步与发展。

5. 加强社区参与

鼓励社区成员参与到安全活动的组织和服务工作中，培养他们的责任感和社会意识。

倡导邻里间的互助精神，通过共同参与安全巡逻、信息共享等活动，构建和谐安全的社区环境。

6. 政策宣传

解读最新的安全法律法规，提醒公众遵守相关规定，通过展板、视频等形式进行宣传。

传达政府在安全领域的政策导向,鼓励社会各界积极响应和支持相关政策,共同维护社会安全稳定。

7. 心理建设

设立心理咨询区域,提供专业的心理咨询师服务,帮助经历事故的人们进行心理调适。

通过分享成功的案例和正面的信息,传递积极向上的态度,增强人们的心理韧性和安全感。

8. 推动行业发展

为安全行业的企业和从业人员提供一个交流的平台,促进信息共享和技术合作。

为企业提供展示产品和服务的机会,帮助它们开拓市场,推动整个行业的健康发展。

通过这些具体的措施,安全展览不仅能够有效提升公众的安全意识和技能,还能促进社会各界对安全问题的关注和支持,最终达到共建安全和谐社会的目标。

(三)安全展览的实际应用

安全展览在各个领域的实际应用主要包括以下几个方面。

1. 学校教育

校园安全教育:学校可以利用安全展览的形式来增强学生的安全意识。例如,制作有关校园交通安全的展示板,用以教育学生如何安全过马路、骑自行车等;或者通过消防安全展览,让学生了解火灾的危害,并教授他们如何使用灭火器、如何在火灾中逃生等基本技能。

应急演练:学校可以结合安全展览的内容,定期组织学生参加地震逃生、火灾疏散等应急演练。通过模拟真实情景,让学生在实际操作中掌握应对突发事件的方法,提高他们的自我保护能力。

2. 社区活动

社区安全周:社区可以定期举行安全展览活动,如在社区中心或广场设立展台,展示家庭用电安全知识、防盗技巧等,并邀请专业人士进行现场讲解。通过这种方式,提高居民的安全意识,减少事故发生。

邻里互动:社区安全展览还可以成为邻里之间沟通交流的平台,大家可以在展览期间分享各自遇到的安全问题和解决办法,形成互助机制,共同改善社区的安全状况。

3. 企业培训

职业健康与安全:企业可以将安全展览作为员工培训的一部分,通过展示职业病预防知识、安全生产规范等内容,提醒员工注意工作中的安全细节。同时,还可以展示先进的个人防护装备和技术,让员工了解如何正确使用这些装备。

应急准备:企业应定期组织员工参观安全展览,并结合实际工作场景进行应急培训。比如,在化工等高风险行业中,可以进行泄漏事故处理、紧急医疗救护等培训,确保员工具备必要的应急反应能力。

4. 政府与公共服务

公共安全日：政府可以在重要的公共场所，如公园、广场等地举办大型的安全展览活动，通过展示国家安全、公共安全的相关内容，向市民宣传安全的重要性。这种活动往往具有广泛的受众基础，能够有效提升公众的安全意识。

法规宣贯：政府部门可以通过展览的形式，向公众宣传最新的安全法律法规，解释法规内容，强调遵守法规的重要性，帮助公众更好地理解和遵守法律规定。

5. 特定场所安全

旅游景点：旅游景点可以设置专门的安全提示展览区，向游客介绍景区内的安全须知，比如登山安全、水上活动安全等。这样可以帮助游客在享受美景的同时，也能注意自身安全。

商场、电影院：在这些人员密集的场所，可以设立安全知识展览区，如紧急疏散路线图、消防设施使用指南等，以便在紧急情况下，消费者能够快速找到安全出口并使用消防设备。

6. 网络与信息安全

网络安全宣传周：通过互联网平台举办虚拟的安全展览，向公众普及网络安全知识，如防范网络诈骗、保护个人信息等。这样的活动不受地理位置限制，可以覆盖更广泛的人群。

数据保护：展览可以聚焦于数据安全和个人隐私保护，通过展示数据泄露的危害以及如何加强个人和企业的信息安全防护，提高公众对这一问题的认识。

7. 国际交流

国际安全论坛：参加国际性的安全展览和论坛，与全球同行交流安全管理经验和先进技术，不仅可以提升我国在安全领域的国际影响力，也有助于引入国外优秀做法。

技术引进：通过参与国际安全展览，引进国外先进的安全管理理念和技术，促进国内相关产业的技术升级和发展。

8. 科技创新

智能安防：展览可以展示最新的智能安防技术和产品，如基于物联网的智能家居安全系统、人工智能驱动的监控设备等，让公众了解现代科技如何提升生活安全。

未来展望：通过展览展望未来的安全发展趋势，比如预测下一代安全技术的应用前景，激发公众对未来安全技术的兴趣，同时也为企业和研究机构提供研发方向。

这些具体的应用实例展示了安全展览在不同场景下的多样性和实用性，不仅有助于提升公众的安全意识和技能，也促进了社会各界的合作与交流，共同致力于建设一个更加安全和谐的社会环境。

第六章　安全文化活动篇

一、永州公司 2024 年安全生产月活动

（一）活动方案

2024 年 6 月是全国第 23 个"安全生产月"，为认真落实国务院安委会办公室、应急管理部《关于开展 2024 年全国"安全生产月"活动的通知》（安委办〔2024〕3 号）及《湖南公司 2024 年"安全生产月"活动方案》相关要求，深入贯彻党的二十大精神和习近平总书记关于安全生产重要论述，扎实开展安全生产治本攻坚三年行动，全面落实各级人员安全生产责任，确保安全形势持续稳定，永州公司决定于 2024 年 6 月开展以"人人讲安全、个个会应急——畅通生命通道"为主题的安全生产月活动，特制定工作方案如下。

1. 指导思想

以习近平新时代中国特色社会主义思想为指导，深入学习贯彻党的二十大精神和习近平总书记关于安全生产重要论述，坚持"人民至上、生命至上"，全面贯彻落实集团公司"136"战略部署和"41663"总体工作方针，坚定实施湖南公司"1441"工作方针，深入开展畅通生命通道专项行动，全力推进安全生产治本攻坚三年行动，紧紧围绕全国"安全生产月"活动主题，积极开展形式多样、内容丰富的安全生产活动，强化责任落实，夯实安全基础，确保永州公司安全生产形势稳定。

2. 组织机构

公司成立活动领导小组，全面负责安全生产月活动的组织领导工作。

领导小组下设办公室，办公室设在公司安健环监察部，主要负责活动组织、信息整理、情况汇总和上报等工作。

3. 活动主题

人人讲安全、个个会应急——畅通生命通道。

4. 活动时间

2024 年 6 月 1 日至 6 月 30 日。

5. 活动内容及安排

（1）开展安全生产月宣传动员活动。

在 6 月 3 日公司周例会结束后，召开安全生产月启动会，会上学习观看《2024 全国安全生产月活动主题片》《安全生产责任在肩》警示教育片；学习"习近平总书记关于安全生产重要论述"，会后参会人员在主题条幅上签字。

（2）深入学习贯彻习近平总书记关于安全生产重要论述和指示批示精神。

各部门、项目部要组织学习习近平总书记关于安全生产重要论述和指示批示精神，将"深入学习贯彻习近平总书记关于应急管理的重要论述"作为党支部理论学习中心组学习内容，开展专题研讨、集中宣讲、辅导报告，全面领会精髓要义。

各部门组织观看《2024 全国安全生产月活动主题片》《安全生产责任在肩》警示教育片、《应急救援预案及现场演练宣教片》、事故警示教育片、典型案例解析片和"全民安全公开课"等，推动各级人员牢固树立安全发展理念。

公司领导和生产中层深入班组参加"安全生产大家谈""班前会""以案说法"等活动，交流学习体会，进行警示教育。通过活动，以非常明确、非常强烈、非常坚定的态度牢固树立安全红线意识。

（3）组织开展畅通生命通道专项行动。

公司及各部门、项目部要聚焦"畅通生命通道"这一主要内容，部门负责人作为第一责任人，带头组织开展专项行动。

组织开展宣传活动，充分利用海报、动漫、短视频等多元化形式，宣传应急避险逃生知识、生命通道标识的含义和识别方法、保持畅通的必要性及法律责任，通过各类载体进行广泛宣传。

组织开展演练活动，各单位要结合迎峰度夏保供、防汛抗灾、火灾消防等工作，积极组织开展应急处置与紧急避险演练，宣传应急疏散知识和技能，解决疏散通道被堵塞、被占用等问题，提高广大员工防范应对突发事件能力和紧急避险能力。公司组织开展一次办公楼消防应急疏散演练，设备部和运行部分别根据各自情况组织一次部门级应急演练。

组织开展隐患排查整治活动，对值班宿舍、后勤食堂、生产和办公场所的隐患进行专项排查整治，紧盯用电和消防问题隐患，着重开展畅通安全出口、疏散通道和打通消防车通道整治，确保做到检查一处、整改一处、畅通一处。

（4）聚焦 1 号文重点工作，全面落实全员安全生产责任。

各部门、项目部认真落实新修订的包含长期外委人员在内的全员安全生产责任制和"一岗一清单"以及与之对应的安全履职评价标准。安健环监察部定期组织对各部门、项目部和员工安全履职情况开展监督，并对监督结果进行公示。

积极推进全员安全积分管理。参照《湖南公司全员安全积分管理办法》，制定《永州公司全员安全积分管理办法》，实现全员安全责任量化考核。

（5）组织开展重大事故隐患专项排查。

各生产部门组织学习集团公司新发布的重大事故隐患判定标准，部门负责人要带队组织逐条对照判定标准开展自查自纠工作。生产技术部对重大事故隐患实行台账化管理，将责任落实到人头，确保动态销号清零

（6）开展安全知识答题竞赛及调考活动。

按照全国安全生产月活动组委会办公室《关于开展全国"安全生产月"网络知识答题活动的通知》（安组委办〔2024〕4 号）要求，组织全员参加线上线下答题互动等活动，6月 1 日至 6 月 30 日通过全国安全生产月官网、链工宝 App 参与网络知识竞赛活动，强

化安全生产相关法律法规常识,掌握风险识别与隐患排查治理方法,提升自救互救及应急疏散等应急处置能力。安全生产月期间,永州公司组织对公司领导班子成员和部门负责人开展一次安全生产法律法规考试。

安全生产月期间,计划组织开展一次长期承包商全员安全生产法律法规、规程、标准、集团《二十五项反措》的考试竞赛,以提高承包商人员的素质和技能。按照正向激励的原则,对成绩靠前的人员进行奖励(6月20日完成,具体事项待定)。

(7)开展"避险逃生训练营"短视频新媒体展播活动。

结合生产实际任务,针对高风险作业和高温、汛情等极端天气增多的特点,广泛开展应急与安全培训。

按照全国安全生产月活动组委会办公室《关于开展"避险逃生训练营"短视频新媒体展播活动的通知》(安组委办〔2024〕3号)要求,组织公司全体员工登录全国安全生产月官网,通过"小红书App"的"避险逃生训练营"账号,观看科普视频并拍摄发布事故预案演练视频,进一步提升自救互救能力和应急处置能力。

(8)深入开展"安全宣传咨询日"活动。

在6月16日开展"安全宣传咨询日"活动,围绕"人人讲安全、个个会应急——畅通生命通道"活动主题,面向全体员工散发安全、环保、职业健康和消防知识传单,宣传生命通道安全知识、避险逃生技能。

利用公司的大屏幕播放公益宣传片,在车间、班组、办公楼宇等场所或醒目位置,广泛张贴、悬挂安全标语、横幅、挂图、展板等,营造浓厚的安全宣传氛围。

6.有关要求

(1)加强组织领导。充分认识安全生产月活动对普及安全知识、强化安全意识、提升安全素质、营造安全氛围的重要意义,把安全生产月活动纳入安全生产重点工作计划,主要负责人要亲自组织负责,专题研究部署,成立组织机构,制定活动方案,层层压实责任,抓好督促落实,确保安全生产月活动顺利开展。

(2)精心策划安排。要紧密结合当前安全重点工作任务管理薄弱环节、重大风险隐患等实际情况,精心策划活动方案。要严格落实人力、物力、费用等保障措施,确保活动有序开展。认真开展各项活动,注重活动实效。

(3)加大宣传力度。充分发挥宣传带动作用,加大新闻网站、新媒体、主流媒体宣传力度,在人员密集场所设置安全生产宣传栏,广泛张贴悬挂安全生产宣传横幅及挂图,利用电子显示屏持续滚动播放安全生产宣传标语和动漫视频,对安全生产月期间涌现出的好经验、好做法,要及时发现并广泛宣传,不断增强活动影响力、感染力。

(4)确保活动实效。把开展安全生产月活动与解决当前安全发展重点难点问题相结合,与推动落实各级安全生产责任相结合,与年度安全重点工作相结合,创新活动形式,着力推动防范化解重大安全风险,促进安全生产水平提升,营造安全文化氛围。

(5)做好工作总结。各部门要及时总结活动开展情况,认真总结活动经验,交流活动取得成果,于6月26日前报送安全生产月活动总结。

（二）活动总结

1. 安全生产月活动开展情况

2024 年 6 月是全国第 23 个"安全生产月"，根据国务院安委会办公室、应急管理部《关于开展 2024 年全国"安全生产月"活动的通知》及《湖南公司 2024 年"安全生产月"活动方案》相关要求，永州公司开展了以"人人讲安全、个个会应急——畅通生命通道"为主题的系列安全生产活动，以实际行动积极投入安全生产工作中去。通过系列活动的举行，进一步排查事故隐患，进一步增强员工的安全生产意识，提升员工安全素养与技能，取得了显著的成效。

（1）制定了《永州公司 2024 年"安全生产月"活动方案》，方案明确了"以习近平新时代中国特色社会主义思想为指导，深入学习贯彻党的二十大精神和习近平总书记关于安全生产重要论述，坚持'人民至上、生命至上'，全面贯彻落实集团公司'136'战略部署和'41663'总体工作方针，坚定实施湖南公司'1441'工作方针，深入开展畅通生命通道专项行动，全力推进安全生产治本攻坚三年行动，紧紧围绕全国'安全生产月'活动主题，积极开展形式多样、内容丰富的安全生产活动，强化责任落实，夯实安全基础，确保永州公司安全生产形势稳定"的指导思想，成立了以党委书记、董事长为组长的领导小组，明确了各项活动的相关要求。

（2）6 月 3 日召开了安全生产月启动会，会上首先观看了《2024 全国安全生产月活动主题片》《安全生产责任在肩》警示教育片，观看结束后由党委书记、董事长钱文新主持宣讲"贯彻习近平总书记关于安全生产重要论述和指示批示精神"，会后举行了在安全月活动主题条幅上签字仪式。

（3）观看事故警示视频，学习事故案例。

为扎实推进安全生产月活动，利用安全活动时间组织各专业、各班组将活动重点聚焦到提升全员安全意识和应急处置能力上来。组织观看了《2024 全国安全生产月活动主题片》《员工安全零违章、零隐患、零事故宣教片》《安全行动力》《与危险对决——员工安全行为规范宣教片》《生命重于泰山电视专题片》《生命重于泰山Ⅱ——安全生产典型事故深度剖析片》《安全生产警钟长鸣Ⅱ——重特大安全生产事故警示教育片》《全国安全生产治本攻坚三年行动专题片》等宣教片，组织开展了"安全生产大家谈"交流学习活动，每个员工根据警示宣教片并结合自己的工作进行交流，发生行为违章的员工进行自我批评检讨，以达到警示教育的目的。通过学习"某风电公司 4·27 风机倒塔事故""某发电有限公司 6·13 人身伤亡事故""某电厂 6·3 AST 电磁阀故障停机事故"等事故分析报告，深刻吸取事故教训，全面开展事故案例学习和安全生产大反思、大讨论并记录，在思想认识、体制机制、制度执行、风险辨识、"三违"管控等方面深入剖析问题、查找不足，以非常明确、非常坚定的态度牢固树立安全红线意识。

（4）检修班组班前会在布置当天检修工作的同时，进行风险辨识，根据辨识出来的不同风险，班长部署相应的安全措施。在班前会上学习电力行业的事故案例，以案说法，以别人血的事故教训促使广大职工从思想上重视安全，从行动上遵守安全规程和制度，进一步提升员工安全意识和养成遵章守规的习惯。

（5）围绕"人人讲安全、个个会应急——畅通生命通道"这个主题,组织开展畅通生命通道专项行动。为进一步提升员工的安全防范意识和应急疏散能力,永州公司制定并实施了《办公楼火灾应急疏散演练方案》。安全月期间永州公司共举行公司级、部门级疏散演练3次,累计约130人参演。通过应急疏散演练使全体人员认识到居安思危、畅通生命通道的重要性,认真查找演练中的不足,加强应急演练的过程管控,进一步提高预案的可操作性、实效性;把每一次演练当作实战进行,做到险情不慌、疏散不乱、安排及时、自救得当。同时以安全生产月活动为契机,持续开展畅通生命通道培训及应急演练,全面提升全员应急救援能力和水平。组织对所有办公区、宿舍区进行检查,清理疏散通道被堵塞、占用等问题,提高广大员工防范应对突发事件能力和紧急避险能力。

（6）针对"6·13海南乐东高处坠落人身伤亡事故",永州公司第一时间安排各专业组对钢格栅、盖板、平台、楼梯、栏杆、爬梯进行隐患排查,共计排查出问题34项,已经完成整改治理4项,剩余的采取了临时防控措施,按照五定原则制订了整改计划。要求设备部、运行部认真辨识每项作业的风险,制定切实可行的安全生产保障措施,及时消除各类隐患,坚决遏制各类安全生产事故的发生。设备管理部各专业、班组坚持问题导向,突出重点领域,扎实开展安全专项整治。一是聚焦重点场所,对管辖区域开展地毯式隐患排查,做到不留死角、不留盲区。二是聚焦关键环节,深入排查厂区消防通道、安全出口、疏散指示标识等是否完好畅通,电气线路是否存在安全隐患,确保万无一失。三是聚焦机组运行状态,结合迎峰度夏保供、防汛抗灾开展了全厂配电室防雨布放置、就地控制柜清扫、滤棉更换、排水泵检查及检修工作,确保设备可靠运行。

（7）积极开展"安全宣传咨询日"活动,6月17日早晨冒着蒙蒙细雨,永州公司组织各部门安全管理人员对入厂员工散发包括"习近平总书记关于安全生产的重要论述""安全生产月活动主题""有限空间作业安全知识""火灾防控应急科普知识"等宣传单,加强员工自主学习,提高自身安全素质。

（8）开展安全知识答题竞赛及调考活动。永州公司利用公司例会时间对领导班子成员和部门负责人开展了一次安全生产法律法规问答考试。6月18日组织开展了一次长期承包商全员安全生产法律法规、规程、标准、集团《二十五项反措》的考试竞赛,以提高承包商人员的素质和技能。共计192人参加竞赛,按照正向激励的原则,对成绩优异的人员进行了奖励。

（9）广泛开展网络知识答题活动,按照全国安全生产月活动组委会办公室《关于开展全国"安全生产月"网络知识答题活动的通知》要求,永州公司179人(挂职、借调除外)全员参加保密答题、安全生产学习证书取证、链工宝App答题等活动。公司领导带头参与网络知识竞赛活动,强化安全生产相关法律法规常识,掌握风险识别与隐患排查治理方法,提升自救互救及应急疏散等应急处置能力。

（10）生技部组织4个生产部门认真学习集团《重大事故隐患判定标准》,对现场各类隐患进行4次排查,目前,永州公司没有重大隐患。公司级管控一般隐患累计排查出19项,完成整改销号12项,未完成整改的7项已经按五定原则制订了整改计划。

2. 安全生产月活动亮点和经验

(1) 公司领导带头讲法、学法，能够参与安全月的各项活动，起到了模范示范作用。

(2) 广大员工参与度较高，积极参加各种事故应急演练、安全生产知识竞赛，且一部分人取得了较好的成绩。

(3) 通过学习讨论事故案例、观看警示教育宣传片等活动，使员工在内心产生畏惧感，为以后的安全工作起到了一定作用。形成全体员工在日常作业中不敢违法违章的安全意识。

3. 安全生产治本攻坚三年行动开展以来取得的成效和典型经验

(1) 在公司内建立安全文化阵地，下发安全文化手册、消防安全须知、标准化宣传手册、承包商入场指南等各类手册。同时固化"安全日"活动，营造安全学习氛围。每周四下午借助"三每两入一提升"与"安全生产大讲堂"开展全员安全学习与讨论，强化员工安全红线意识。

(2) 针对日常各项安全工作，对安全注意事项进行归纳总结，编制"C修安全监察要点""有限空间作业""高处作业""动火作业""防触电""检修标准化"等一系列的培训课件，将检修过程中的每一项作业要求一一告知员工，确保措施执行到位，风险预控到位，人员跟踪到位，设备检修到位，技术监督到位。

(3) 在公司内网开辟安全学习网盘，将学习资料统一放置在网盘上，同时从网上收集整理安全视频，将基础安全学习资料视频化，以方便员工学习理解。现已将高处坠落、机械伤害、劳保用品使用、动火作业、受限空间作业等基础安全学习资料视频化，并通过各种渠道将视频下发给公司每一位员工学习。

(4) 根据现场安全检查情况，及时查缺补漏，下发《关于成立风险数据库、风险预控票、检修文件包(风险分析)修编小组》《关于规范现场作业行为、工作票管理》《关于暂停部分人员工作票三种人权限》《关于规范班组安全学习》等通知，将安全管理工作做实做细，确保安全可控。

(5) 通过集团各类检查指导及通报学习，完善风险数据库和高风险作业清单。辨识各类工作任务、设备故障风险 11 720 项，按集团《风险预控指导意见》新增辨识管理活动风险 153 项，明确高风险作业清单 39 项，逐一制定了标准风险预控票。通过风险辨识分析评定安全风险等级，建立企业安全风险数据库，绘制企业红橙黄蓝四色安全风险空间分布图，有效保障了安全生产过程管控。

(6) 日检查、月考核、年评价，外包承包商一体化管理。长期运维承包商主要有 7 家，各承包商资质、项目负责人、安全管理人员、外委人员身体状况、文化程度、业务技能、从业经历、持证情况等均满足要求，配置人员数量满足日常工作需要，项目所需物资投入能按要求及时配备。落实集团公司"十必须两严格"要求，制定永州公司《外委队伍安全管理十必须两严格实施方案》，逐条分解具体任务 50 项，制定"日、周、月"检查表，严格落实各部门、各专业负责人责任。对于发现的问题，强化问题闭环管理，实现 PDCA 动态管理。每月开展承包商绩效考评，年度开展承包商管理评价。

（三）经验分享

永州公司贯彻国务院安委会办公室、应急管理部、集团公司要求，开展了以"人人讲安全、个个会应急——畅通生命通道"为主题的系列安全生产活动，以实际行动积极投入安全生产工作中去。

1. 观看事故警示视频，学习事故案例

永州公司利用安全活动时间组织各专业、各班组将安全生产月活动重点聚焦到提升全员安全意识和应急处置能力上来。通过组织观看宣教片，组织开展"安全生产大家谈"交流学习活动，每个员工根据警示宣教片并结合自己的工作进行交流，发生行为违章的员工进行自我批评检讨，牢固铸造永州公司安全生产基础。如图 6-1 所示。

图 6-1　观看事故警示视频，学习事故案例

2. 提升员工应急能力，开展应急演练

永州公司制定并实施了《办公楼火灾应急疏散演练方案》，通过应急疏散演练使全体人员认识到居安思危、畅通生命通道的重要性，只有把每一次演练当作实战进行，才能做到险情不慌、疏散不乱、安排及时、自救得当。同时认真查找应急预案中的不足之处，对应急预案进行本地化修订；加强应急演练的过程管控，进一步提高预案的可操作性、实效性；对演练中发现的现场隐患进行整改，保证员工生命通道畅通。如图 6-2 所示。

图 6-2　提升员工应急能力，开展应急演练

3. 开展全员安全生产知识竞赛,给予正向激励

永州公司组织开展了包含长期承包商在内的全员安全生产知识竞赛。考试内容包括安全生产法律法规、规程、标准、集团《二十五项反措》等安全生产必备知识,以提高全体员工的安全生产素质和技能水平。为保证员工认真准备知识竞赛,公司按照正向激励的原则,对成绩优异的人员进行了奖励,并由安健环监察部负责监督,确保每位表现优秀的员工得到奖励。如图 6-3 所示。

图 6-3　开展全员安全生产知识竞赛,给予正向激励

二、安全大讲堂

永州发电有限公司在安全生产管理方面始终坚持高标准、严要求,通过开展形式多样的安全教育活动,着力提升全体员工的安全意识和操作技能。其中,安全大讲堂活动作为一项重要举措,不仅为员工提供了深入学习安全知识的平台,还通过结合实际工作场景、典型案例分析等方式,帮助员工全面掌握各类安全规章和应急处理方法。在此过程中,公司不断总结经验,优化活动形式,推动安全文化的建设,为降低事故风险、提高生产效率奠定了坚实基础。

（一）活动介绍及意义

永州发电有限公司自开展安全大讲堂活动以来,一直秉承着"安全第一,预防为主"的原则,积极推动全员的安全意识和技能提升。安全生产是电力行业发展的基石,而永州发电有限公司通过定期开展安全大讲堂,切实增强了全体员工的安全意识,并提供了针对性的培训和实践指导。

安全大讲堂活动是该公司内部安全生产管理的重要举措之一,它不仅为全体员工提供了一个学习安全知识的平台,还通过实际操作和案例分析,让员工深入了解各种安全生产规章制度,掌握应对突发事件的技能。这类活动的频繁开展,帮助员工在日常工作中能够正确识别安全隐患,提升安全作业能力。尤其是针对电力行业的特殊性,安全

大讲堂活动的内容既包括电力设备操作的规范讲解,也包括消防、防电、防爆等高危作业环境中的应急处理措施。

在公司组织开展的各期安全大讲堂中,主讲人员通常会根据公司生产经营过程中遇到的实际问题,结合典型的事故案例进行深度分析。这不仅让员工更好地理解相关的安全管理措施,还使他们能够将理论知识转化为日常工作中的实际操作,提高了对事故的预防能力。此外,公司管理层也通过这些活动,更好地贯彻落实国家相关的安全生产政策,确保公司生产运营的每一个环节都能够符合国家和行业的安全标准。

永州发电有限公司通过安全大讲堂活动的持续推动,在全公司内部形成了浓厚的安全文化氛围。安全不仅仅是管理层的职责,更是全体员工共同的责任。通过多期的安全培训和学习,员工不仅能提高自我保护意识,还能在工作中互相监督和提醒,从而形成一个互助互爱的工作团队。这种安全文化的建立,不仅降低了安全事故的发生率,还提高了员工的工作效率和公司整体的安全生产水平。如图 6-4 所示。

图 6-4　开展安全大讲堂活动

（二）经验总结

永州发电有限公司在安全大讲堂活动的组织和实施方面积累了丰富的经验。首先,活动的设计紧密结合了公司的实际工作情况。例如,在不同的工作场景下,可能存在的安全隐患是不同的,因此,公司会根据生产任务和工作环境的变化,设计不同主题的安全培训课程。这样的灵活性确保了每次大讲堂活动的内容都具有针对性,能够满足员工的实际需求。

公司在活动中采用了多种教学手段,如理论讲解与实践操作相结合、视频演示与现场模拟演练相结合等方式,确保培训效果的最大化。通过多样化的教学方式,员工不仅能快速理解理论知识,还能通过实际操作掌握相应的技能。尤其是通过对典型事故的回顾和剖析,员工可以更加直观地了解到忽视安全操作所带来的严重后果,从而在日常工作中时刻保持高度警觉。

公司在每次活动结束后,都会组织安全知识竞赛、考试等形式的考核,以确保员工对培训内容的掌握。通过这样的考核,管理层能够及时了解员工的学习效果,针对不同岗位员工的薄弱环节进行有针对性的再培训,进一步巩固学习成果。

（三）未来展望

随着电力行业的快速发展和技术的不断进步,安全生产的要求也在逐步提高。永州发电有限公司将在未来继续优化安全大讲堂的内容和形式,不断引入先进的安全管理理念和技术手段。比如,公司可以考虑引入虚拟现实(VR)技术,模拟真实的工作环境和事故场景,让员工在虚拟环境中进行应急处理训练。这样不仅能够提高培训的趣味性,还能大大提升员工的应急处置能力。

同时,随着新能源发电等新型业务的拓展,永州发电有限公司在安全生产方面也面临着新的挑战。安全大讲堂活动可以进一步扩展到这些新兴领域,为员工提供更多的新能源相关的安全培训课程,确保公司的每一个生产环节都能够符合最新的安全生产标准。

永州发电有限公司的安全大讲堂活动不仅是提高员工安全意识的有效手段,也是推动公司整体安全文化建设的重要举措。在未来,随着更多新技术的引入和安全生产要求的提高,安全大讲堂活动将会在公司的发展过程中发挥更加重要的作用。

通过持续的学习和实践,永州发电有限公司全体员工将在安全生产工作中不断进步,切实做到"安全生产,人人有责",为公司的长远发展奠定坚实的基础。

三、"安康杯"安全知识竞赛

（一）活动背景和目的

安全生产是电力行业可持续发展的重要保障,永州发电有限公司作为一家大型电力企业,深知安全生产对于企业运营和员工健康的重要性。随着近年来国家对安全生产要求的不断提高,公司积极响应政府号召,将安全生产作为一项长期战略任务,并不断探索创新的管理和培训方式,以确保员工对安全生产的认知不断深化。

"安康杯"安全知识竞赛正是在这一背景下应运而生的。其主要目的在于通过竞赛的形式,激发员工学习安全知识的积极性,并通过模拟事故处理和实际操作演练,帮助员工掌握安全生产技能。此次竞赛活动不仅仅是对员工安全知识的考核,更是一次全方位的安全培训过程。电力行业涉及的技术复杂,潜在的安全隐患众多,任何操作失误都可能引发严重的后果。为了减少这些风险,企业需要不断强化员工的安全意识,使其时刻保持警觉,并能够在突发情况下迅速作出正确的反应。

永州发电有限公司开展此次活动也是为了提升员工的安全操作能力,推动安全文化在公司内部的广泛传播。通过竞赛形式,员工不仅可以加深对安全生产法规和操作规程的理解,还能在实际操作中将这些知识转化为工作中的具体行为。这种理论与实践相结合的学习方式,不仅提高了员工的操作技能,还促进了公司整体安全管理水平的提升。活动的设计考虑到了各类岗位员工的实际工作需求,针对不同岗位的安全隐患和操作要求,设置了不同的竞赛内容,确保竞赛的针对性和实效性。

此次竞赛的成功举办标志着公司在安全管理工作上的进一步深化,也是公司对安全生产管理体系不断优化的体现。通过这种方式,永州发电有限公司不仅为全体员工提供了一个深入了解安全知识的平台,也为企业自身的长期健康发展奠定了坚实的基础。活动的开展彰显了公司对安全生产工作一贯的高度重视,并通过实际行动体现了对员工健康和安全的深切关怀。

(二)竞赛的组织、实施与亮点

永州发电有限公司"安康杯"安全知识竞赛从筹备到实施,历时数月,整个过程井然有序。竞赛的组织工作得到了公司各级领导的高度关注,并成立了专门的竞赛筹备小组,负责比赛的策划和具体实施。在竞赛内容的设计上,筹备组从员工的日常工作实际出发,结合公司生产过程中遇到的常见安全问题,设置了多种形式的题目,包括理论知识、实操演练以及突发事件处理等多方面内容。

竞赛的亮点之一是题目设计的多样性和针对性。电力行业的生产流程复杂,每一个环节都可能涉及不同的安全风险。为了确保比赛内容与实际工作相符,筹备小组专门根据不同岗位的安全要求,设计了不同类型的竞赛题目。这种分类设计不仅提高了比赛的专业性,还确保了员工在比赛过程中能够获得针对自身岗位的知识技能提升。例如,电力运维人员需要了解电力设备的安全操作规范,而管理人员则更关注安全生产法律法规的执行和落实。因此,竞赛题目针对性极强,既满足了一线员工的需求,也提升了管理层的安全监管能力。

此外,竞赛的形式丰富多样,除了传统的笔试和答题环节,还加入了互动性更强的团队协作和模拟演练环节。例如,在"你来比划我来猜"环节,员工通过肢体语言和合作完成安全操作规范的描述与猜测,这不仅加深了员工对安全操作规程的理解,还通过团队合作的方式增强了员工之间的协作能力。这种竞赛形式既有趣又有效,让员工在轻松愉快的氛围中学习安全知识,达到了寓教于乐的目的。

比赛现场气氛紧张而有序,选手们全神贯注,争分夺秒地回答每一道题目。在实际操作环节中,参赛员工需要模拟应对突发事故,并迅速做出决策与处理。裁判组从专业的角度对每位选手的操作规范性、反应速度和事故处理的合理性进行评分。这一环节不仅考察了员工的安全操作技能,还检验了他们在高压环境下的心理素质和临场反应能力。比赛过程中,参赛队伍展现出的团队合作精神和应急处置能力给在场的观众留下了深刻的印象。

竞赛的顺利进行也离不开公司后勤保障团队的辛勤付出。为了确保比赛的顺利开展,后勤团队提供了全方位的保障服务,从场地布置、设备调试到现场秩序维护,都体现了他们专业、高效的工作作风。通过各部门的通力合作,本次竞赛活动在紧张有序的氛围中圆满结束。

(三)活动的成效与未来展望

此次"安康杯"安全知识竞赛在永州发电有限公司取得了显著的成效,不仅让员工们重新认识到了安全生产的重要性,还通过竞赛的方式让每一位员工更加深刻地掌握了安全操作技能。这场竞赛不仅是对员工安全知识的考核,也是对公司安全管理体系的一次全面检验。通过此次活动,公司在安全生产工作上取得了明显的进步,全员的安全意识得到了显著提升,安全事故的发生率也有望大幅降低。

活动结束后,永州发电有限公司管理层对竞赛进行了全面的总结与反思,认为此次竞赛的成功举办为公司在安全管理方面提供了许多宝贵的经验。首先,竞赛形式的多样性有效地激发了员工的学习兴趣,将枯燥的安全知识通过趣味性的竞赛展现出来,使员工在轻松的氛围中学到了知识。其次,竞赛的分层设计确保了不同岗位的员工都能够从中受益,进一步提升了公司整体的安全管理水平。

未来,永州发电有限公司将把"安康杯"安全知识竞赛作为常态化的活动来开展。为了不断创新,公司计划引入更多现代化的技术手段,例如利用虚拟现实(VR)技术进行事故模拟,让员工在虚拟环境中进行应急处理演练,从而提升他们的应急反应能力和操作技能。此外,公司还计划通过定期的培训和考核,将安全知识竞赛的内容融入员工的日常工作中,让每一位员工时刻保持高度的安全意识。

除了竞赛的常态化,永州发电有限公司还将在整个企业内部进一步推广安全文化建设。公司计划通过一系列宣传活动,将安全生产的理念渗透到每一个生产环节。通过定期组织安全知识讲座、开展实操培训和应急演练,公司将形成一个人人关心安全、人人参与安全的良好氛围。安全生产工作不仅是企业管理层的责任,更是每一位员工的共同使命,只有每个人都具备强烈的安全意识,企业的安全生产才能得到真正的保障。

总结来看,永州发电有限公司通过"安康杯"安全知识竞赛,不仅提升了员工的安全知识储备和实际操作能力,还通过这种寓教于乐的形式,将安全生产的理念深植于每一位员工的心中。未来,公司将继续探索和创新更多的安全管理方式,确保企业的生产环境始终处于高效、安全的状态,为公司的长远发展提供强有力的保障。

四、安全文化论文征集

永州发电有限公司在推动安全文化建设的过程中,积极组织并参与了企业安全文化优秀论文征集活动。这一活动的开展不仅为公司内部员工提供了展示安全文化理念的平台,也在全行业范围内推广了先进的安全管理经验和方法。企业安全文化的形成和深化,是企业安全生产管理中不可或缺的组成部分,通过论文征集活动,永州发电有限公司得以进一步梳理和总结自身的安全管理经验,为同行业企业提供了宝贵的参考。

(一)活动的背景和目的

在当前科技化、信息化飞速发展的时代背景下,企业安全文化的重要性愈发突出。安全文化不仅关乎员工的生命安全,更是企业可持续发展的关键因素。作为电力行业的重要企业,永州发电有限公司长期以来高度重视安全生产管理,并不断探索新的管理理念和方法,以确保生产过程中的安全性和可靠性。在此背景下,公司决定响应国家和行业主管部门的号召,积极参与企业安全文化优秀论文征集活动,通过理论与实践的结合,进一步推动企业安全文化的建设。

安全文化论文征集活动的主要目的是鼓励员工深入思考企业安全管理中的各类问题,并通过撰写论文的形式,对安全管理的实践经验和理论研究进行系统总结和深入探讨。论文征集活动不仅是对员工安全意识的强化,也是对公司安全管理成效的全面检验和反思。通过广泛的参与,员工能够更好地理解安全文化在企业中的重要性,并结合自身工作经验提出有建设性的意见和建议。这一活动的开展,为公司安全文化的创新和持续改进提供了新的动力。

（二）活动的组织与实施

永州发电有限公司在组织安全文化论文征集活动时,采取了全面、系统的策略。公司通过内部通知和宣传,号召全体员工积极参与,并详细列出了论文撰写的要求和方向。在选题方面,公司鼓励员工结合自身岗位的实际情况,撰写与电力安全生产、设备维护、应急管理等主题相关的论文。这样的选题设计既确保了论文内容的实用性,也为不同岗位的员工提供了展示自己工作经验的平台。

为保证论文质量,公司还专门成立了专家评审小组,对提交的论文进行严格评审。评审小组成员由公司安全管理方面的专家组成,他们不仅具有丰富的实践经验,还在安全管理理论方面有着深入的研究。评审小组通过对论文内容的原创性、实用性和理论深度进行综合评价,选出了多篇优秀论文。这些论文不仅展示了公司员工在安全管理方面的思考和创新,还反映了公司整体安全文化建设的水平。

在整个活动过程中,永州发电有限公司通过一系列激励措施,进一步提高了员工的参与积极性。公司设立了多个奖项,鼓励不同岗位的员工踊跃投稿。除了物质奖励,优秀论文的作者还得到了在公司内部和行业内展示成果的机会,他们的观点和建议被采纳并应用于公司的实际安全管理工作中。这种从理论到实践的转化,极大地提升了员工的成就感,同时也促进了公司整体安全管理水平的提高。

（三）活动的成果与意义

永州发电有限公司通过安全文化论文征集活动,收获了丰富的成果。首先,活动促进了员工安全意识的进一步提升。通过参与论文撰写,员工们不仅需要对自身的工作进行深入反思,还需要将理论与实践相结合,提出具有建设性的建议。这一过程帮助员工加深了对安全文化内涵的理解,使得安全理念在工作中的落实更加自觉和深入。

其次,活动为公司安全管理提供了宝贵的经验总结与创新思路。员工们在论文中提出的许多观点和建议,基于他们在日常工作中的切身体验,具有很强的可操作性。通过这些论文,公司管理层得以更加全面地了解基层员工在安全管理中的实际需求和困境,并据此优化和改进现有的管理制度。例如,有员工提出了关于提升设备巡检效率的建议,通过在巡检过程中引入更多的数字化管理工具,不仅提升了工作效率,还减少了巡检过程中潜在的安全隐患。这一建议被公司采纳并在多个部门推广,取得了显著的效果。

最后,安全文化论文征集活动为公司内部人才的培养和发展提供了新的途径。许多参与活动的员工在撰写论文的过程中,逐渐展现出他们在安全管理方面的潜力和才华。公司通过此次活动,发掘并培养了一批具备深厚理论功底和丰富实践经验的安全管理人才。他们的成长不仅为公司未来的安全管理工作提供了坚实的人才基础,也为公司在安全文化建设方面的持续发展注入了新的活力。

（四）活动经验总结与未来展望

通过本次安全文化论文征集活动,永州发电有限公司在安全文化建设方面积累了丰富的经验。首先,活动的成功得益于公司管理层的高度重视和全体员工的积极参与。公司在活动前期进行了广泛的宣传和动员,确保每一位员工都了解活动的重要性和参与方式。公司还通过设立奖项和提供展示平台,激励员工积极参与。这种由上至下的全员参与机制,确保了活动的广泛覆盖和深度参与。

其次,活动的成功离不开公司科学的组织与管理。在活动过程中,公司通过建立健全评审机制,确保了论文质量的提升。评审小组的专业性保证了活动的公平性和权威性,同时也为公司筛选出了一批具有实践价值的优秀论文。公司在总结活动经验时,认识到一个良好的评审机制不仅有助于发现优秀的安全管理人才,还能够为公司安全文化建设提供有力的理论支持。

未来,永州发电有限公司计划将安全文化论文征集活动常态化,并将其纳入公司整体安全文化建设的长期规划中。公司计划每年组织一次类似的论文征集活动,以此为契机,推动公司安全文化的不断创新与发展。同时,公司将进一步完善激励机制,通过提供更多的展示和交流平台,鼓励员工持续关注和思考安全管理中的各类问题。通过这样的方式,公司希望能够在内部形成一个良好的安全文化氛围,让每一位员工都能够积极参与到安全文化的建设中来。

此外,永州发电有限公司还计划通过与其他电力企业的合作与交流,进一步扩大活动的影响力。公司可以将优秀论文在行业内进行分享和推广,借鉴其他企业的先进经验,不断完善自身的安全管理体系。通过与行业内的广泛合作,永州发电有限公司不仅能够提高自身的安全管理水平,还可以为整个电力行业的安全文化建设贡献力量。

第七章 事故原因及对策篇

随着我国经济的快速发展,各行业对电力能源的需求与日俱增。目前,火力发电仍然是我国最主要的电能生产方式,火电建设项目技术性较强,管理比较复杂,潜在风险因素较多,如火电项目建设过程中常见的立式高加吊装、锅炉尾部垂直烟道吊装、发电机定子吊装等各种吊装作业均有较高的风险性,火电施工过程中因吊装事故造成不少的人员伤亡和财产损失。因此,应对火电项目施工过程中的吊装作业重点关注,并分析其事故产生的根本原因,从根源上消除事故隐患。

一、研究方法

"2-4"事故致因模型是由中国矿业大学(北京)傅贵教授及其研究团队提出的事故致因理论模型,该模型认为所有事故发生的原因都可以分为 2 个层面,即组织内部原因和外部原因,而事故的发生需要经历 4 个阶段,该模型已被广泛运用于各种事故原因分析。本书通过"2-4"事故致因模型对火力发电作业中的吊装事故发展的 4 个阶段进行深入分析,以期提出相应对策,为火电吊装作业安全管理提供参考。

二、事故原因分析

1. 一次性行为和物态阶段

基于"2-4"事故致因模型理论描述,事故发生的直接原因是事故直接引发者的不安全动作,除了直接引发者之外,组织内其他人员的相关不安全动作同样会对事故产生影响,因此分析此阶段时,应充分考虑包括管理人员在内的各层级人员的不安全行为。分析吊装作业中常见的事故原因,将人的不安全行为分为三大类,分别为指挥员不安全行为、驾驶员不安全行为和作业人员不安全行为。

指挥员不安全行为包括:指挥不当、指挥员看不见被吊物件、指挥员看不见起重机驾驶员、分工不明确、无证上岗。驾驶员不安全行为包括:吊装时不服从指挥,未按要求操作起重机,未按起重机操作手册组装起重机。作业人员不安全行为包括:未履行职责和无证上岗。

物的不安全状态可以分为五大类,分别为施工现场、自然环境、起重机本身、被吊物本身和吊索具。施工现场不安全状态包括:场地不坚实、场地不平整、地下有隐蔽工程或自然洞穴、周边有障碍物或危险源。自然环境不安全状态包括:恶劣天气、夜间照明不足、高温或低温天气。起重机本身不安全状态包括:选型错误、自身老化缺陷、未按操作手册组装起重机、自身故障。被吊物本身不安全状态包括:吊耳强度或尺寸不足、被吊物本体强度不足。吊索具不安全状态包括:吊索具尺寸或强度不足、吊索具的连接方式不符合要求。

2. 习惯性行为分析

习惯性行为阶段对应的主要是间接原因,包括安全知识、安全意识、安全习惯、安全心理和安全生理五大类。安全知识主要包括吊装作业人员缺乏相应的知识素养,缺乏必备的安全技能。安全意识主要是指对安全管理和安全操作等规章制度重视程度不够,不能意识到相关行为可能带来的严重后果。安全习惯是作业人员在长期工作中形成的固化思维指导下的作业行为,根据海因里希法则,并非每次不安全行为都会导致事故的发生,因此当作业人员多次违反相关规定但并未引起事故时,就会产生习惯性违章。安全心理和紧急情况下的判断能力、决策能力以及运动协调能力息息相关,而安全心理和安全知识不同的是,安全知识的不足可以通过后天的学习及培训来弥补,而安全心理的品质却较难通过后天培养来提升。安全生理主要指相关人员的身体素质条件,如高温高空作业会对机体的生理和内分泌功能产生应激变化,从而导致不同身体素质的人产生不同的反应。

3. 根本原因分析

根本原因导致间接原因的发生,主要在于组织行为层面出现问题。例如,安全组织机构不健全、安全资金投入不到位、安全指导思想不明确等。随着近些年国家对火电项目建设投入的不断加大,吊装行业也发展迅速,大型起重机经营企业数量快速增多,而真正懂起重机管理、吊装管理、吊装技术的专业人员比例下降,给吊装行业带来了较大的管理难度。

4. 根源原因分析

所有事故的根源原因都可以追溯为安全文化的欠缺,安全文化由安全精神文化和安全物质文化组成,良好的企业安全文化可以对企业的安全生产起到协调、控制和凝聚作用。安全文化的核心是以人为本,坚持这个理念才会把安全责任落实到企业全员的日常工作中,通过培育企业员工共同认可的安全价值观和安全行为规范,营造出一个自我约束、自我管理的安全理念氛围,可以有效地持续改善安全业绩。因此,吊装事故的根源原因在于企业未形成良好的安全文化,有待进一步加强相关工作。

三、事故预防对策

1. 一次性行为及物态干预措施

为了有效减少人的不安全行为,重要的是增强作业人员的安全意识,提高其专业素养,因此企业需要定期对相关作业人员开展专业技能培训,在培训过程中要保证培训质量,不能只流于形式或简单介绍操作方法,要切实增强作业人员的安全意识,提高其安全水平。对于指挥员、操作员等重要岗位实现持证上岗,只有参加并通过考核才可开展相关工作。对于不安全物态要做到定期检查并保存记录,起重机作业性能比较特殊,还需制定相关的作业实施方案,一旦发现吊装设备的安全性存在隐患,需立刻暂停作业并上报维修,通过合格检验后方可重新使用。对于老化的设备及时实行报废制度。严禁在恶劣天气条件下进行吊装作业。

2．矫正习惯性不安全行为

相关研究表明，安全价值观对安全心理、安全生理和安全能力都有显著的正向促进作用，积极帮助作业人员从安全主观意识和安全认知两方面消除习惯性不安全行为，对作业人员安全心理进行完善的、系统的和连续性的指导和帮助。同时应关注作业人员的生理状况，生理状况会影响安全心理、安全能力和安全价值观，从而导致一次性不安全行为的产生，因此应定期检查相关人员的生理健康状况，尤其对于年龄较大、工龄较长且生理功能开始下降的作业人员，防止由于睡眠不足或者身体不适等情况造成事故。

3．建立健全安全管理体系

吊装作业的实施过程就是吊装方案的执行过程，因此对吊装方案要进行严格把控，从源头开始避免危险因素的出现，然后做好现场控制。主要包括以下步骤：首先，对于工件的重量计算要确保准确，认真查阅图纸，不遗漏任何一项，把所有可能影响重量的因素全部考虑到；其次，在工件重量准确的基础上再进行吊车的选型，并确定作业工况，确定吊装作业过程；再次，针对所选的吊车、被吊物件以及吊装过程中的特点对场地地基进行处理，设置合适的吊耳并选用合适的索具；最后，组织安全技术交底，并把方案内容和吊装思路以及相关注意事项等对作业人员交底。

4．加强安全文化建设

安全文化的建设可以从4个层次出发，即理念层、制度层、行为层和物态层。理念层是通过总结、凝练安全管理经验形成安全理念和安全方针等。制度层是在理念层的指导下，把安全理念转化为规章制度，规范作业人员的行为，建立目标考核奖惩及相关责任制等，激励员工自觉遵守安全规章制度。行为层是指在安全文化理念层的引导下和制度层的约束下，自觉履行安全职责，通过安全文化的导向功能，促使全体员工养成良好的安全习惯。物态层是指从企业的设备设施以及作业环境的改善等出发，确保作业环境符合安全要求。4个层次的建设实现由被动约束向主动追求安全转变，营造了良好的安全文化氛围。

第八章　安全格言篇

安全警钟长鸣,防微杜渐保安宁,让平安伴随每一天。

守护安全,如护生命之源,点滴不可轻,警钟需长鸣。

疏忽一时酿大祸,警惕一刻享平安,安全警钟需长鸣。

明日之事不可知,安全之弦不可松,谨慎行事,方能安度风雨。

平安是金,安全是福,警钟长鸣不停步。

安全是生命之本,违章是事故之源,切勿让疏忽成遗憾。

隐患潜行无声处,警觉之心需常存,安全之网紧织密。

风雨欲来,安全之伞需备齐,未雨绸缪,方能从容应对。

安全意识常驻心,事故隐患无处遁形,让安全成为习惯。

隐患如狼伺机动,警觉如犬守家园,安全之战需常胜。

事故隐患猛于虎,安全生产大于天,防患于未然是关键。

岁月静好因安全,风雨无阻赖防范,共筑平安每一刻。

隐患险于明火,防范胜于救灾,安全责任重于泰山。

岁月悠悠,安全常伴左右,莫待事故发生,才悔未曾留意。

轻视安全如薄冰,步步危机四伏藏,慎行方能保安康。

智者虑事先虑安,愚者遭祸不知防,安全智慧照亮前行路。

隐患如狼似虎,安全意识需如盾如矛。

隐患如狼,伺机而动,安全之篱,需紧筑无懈。

安全多下及时雨,教育少放马后炮。快刀不磨要生锈,安全不抓出纰漏。

隐患潜伏于微末,安全意识需如影随形。

安全意识如阳光,照亮生活的每一个角落。

安全非小事,疏忽酿大祸,智者常谨慎,步步为营安。

心中常系安全绳,步步稳健人生路,警惕一刻不放松。

天天都是安全日,处处做好安全事;时时拉响安全钟,人人都念安全经。

安全无小事,时刻要警惕;思想不放松,安全有保证。

安全非儿戏之言,实则生命之舟桨,握紧方能远航行。

安全如磐石,稳固方显威,勿让疏忽成遗憾。

严为安全之本,松为事故之源。

安全如水,需时刻小心;事故如虎,要时刻警惕。

事故源于麻痹,安全来自警惕;遵章守纪,避免悲剧。

生命之树,安全为根,根深叶茂,方能屹立不倒。

平安是福,安全为先;心中有戒,事事无忧。

隐患潜伏于细微,安全维系于谨慎,不可不察也。

只有安全,才有未来;只有预防,才有平安。

事故教训是镜子,安全经验是明灯;一人把关一处安,众人把关稳如山。

人人讲安全,家家保平安,幸福生活源于安全守护。

安全无小事,防范靠大家,警示语常挂,平安伴我行。

宁为安全多想一分,勿为违章后悔一生。

安全非偶然,皆因细心织就,疏忽则网破。

人生如行舟,安全是港湾,勿让一时疏忽,成为永恒遗憾。

千里之堤毁于蚁穴,预防事故要从小处着手。

制度不全,事故难免,完善规章,共筑安全防线。

平安是金,步步小心,让安全成为生活的底色。

安全警钟长鸣,事故苗头早防;强化安全管理,共建和谐社会。

只有安全,才有未来;只有预防,才有平安。

慎行则安,妄动则危,安全之道,在于自制。

安全非偶然,皆因细心织就,疏忽则网破。

安全是生命之本,违章是事故之源,切勿让疏忽成遗憾。

安全之链,一环不可松,松则全盘皆输。

安全非小事,疏忽酿大祸,智者常谨慎,步步为营安。

附录　安全生产相关法律法规

一、中华人民共和国安全生产法

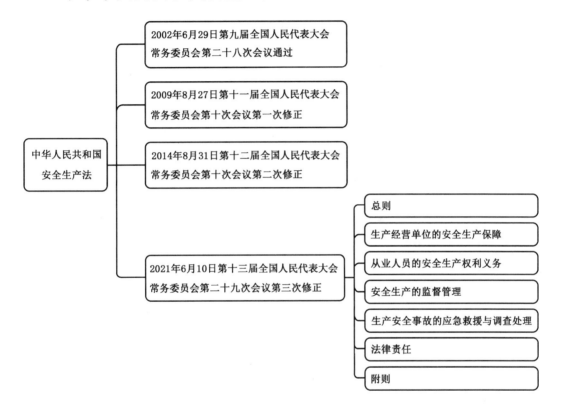

目　录

第一章 总 则

第一条 为了加强安全生产工作,防止和减少生产安全事故,保障人民群众生命和财产安全,促进经济社会持续健康发展,制定本法。

第二条 在中华人民共和国领域内从事生产经营活动的单位(以下统称生产经营单位)的安全生产,适用本法;有关法律、行政法规对消防安全和道路交通安全、铁路交通安全、水上交通安全、民用航空安全以及核与辐射安全、特种设备安全另有规定的,适用其规定。

第三条 安全生产工作坚持中国共产党的领导。

安全生产工作应当以人为本,坚持人民至上、生命至上,把保护人民生命安全摆在首位,树牢安全发展理念,坚持安全第一、预防为主、综合治理的方针,从源头上防范化解重大安全风险。

安全生产工作实行管行业必须管安全、管业务必须管安全、管生产经营必须管安全,强化和落实生产经营单位主体责任与政府监管责任,建立生产经营单位负责、职工参与、政府监管、行业自律和社会监督的机制。

第四条 生产经营单位必须遵守本法和其他有关安全生产的法律、法规,加强安全生产管理,建立健全全员安全生产责任制和安全生产规章制度,加大对安全生产资金、物资、技术、人员的投入保障力度,改善安全生产条件,加强安全生产标准化、信息化建设,构建安全风险分级管控和隐患排查治理双重预防机制,健全风险防范化解机制,提高安全生产水平,确保安全生产。

平台经济等新兴行业、领域的生产经营单位应当根据本行业、领域的特点,建立健全并落实全员安全生产责任制,加强从业人员安全生产教育和培训,履行本法和其他法律、法规规定的有关安全生产义务。

第五条 生产经营单位的主要负责人是本单位安全生产第一责任人,对本单位的安全生产工作全面负责。其他负责人对职责范围内的安全生产工作负责。

第六条 生产经营单位的从业人员有依法获得安全生产保障的权利,并应当依法履行安全生产方面的义务。

第七条 工会依法对安全生产工作进行监督。

生产经营单位的工会依法组织职工参加本单位安全生产工作的民主管理和民主监督,维护职工在安全生产方面的合法权益。生产经营单位制定或者修改有关安全生产的规章制度,应当听取工会的意见。

第八条 国务院和县级以上地方各级人民政府应当根据国民经济和社会发展规划制定安全生产规划,并组织实施。安全生产规划应当与国土空间规划等相关规划相衔接。

各级人民政府应当加强安全生产基础设施建设和安全生产监管能力建设,所需经费列入本级预算。

县级以上地方各级人民政府应当组织有关部门建立完善安全风险评估与论证机

制,按照安全风险管控要求,进行产业规划和空间布局,并对位置相邻、行业相近、业态相似的生产经营单位实施重大安全风险联防联控。

第九条　国务院和县级以上地方各级人民政府应当加强对安全生产工作的领导,建立健全安全生产工作协调机制,支持、督促各有关部门依法履行安全生产监督管理职责,及时协调、解决安全生产监督管理中存在的重大问题。

乡镇人民政府和街道办事处,以及开发区、工业园区、港区、风景区等应当明确负责安全生产监督管理的有关工作机构及其职责,加强安全生产监管力量建设,按照职责对本行政区域或者管理区域内生产经营单位安全生产状况进行监督检查,协助人民政府有关部门或者按照授权依法履行安全生产监督管理职责。

第十条　国务院应急管理部门依照本法,对全国安全生产工作实施综合监督管理;县级以上地方各级人民政府应急管理部门依照本法,对本行政区域内安全生产工作实施综合监督管理。

国务院交通运输、住房和城乡建设、水利、民航等有关部门依照本法和其他有关法律、行政法规的规定,在各自的职责范围内对有关行业、领域的安全生产工作实施监督管理;县级以上地方各级人民政府有关部门依照本法和其他有关法律、法规的规定,在各自的职责范围内对有关行业、领域的安全生产工作实施监督管理。对新兴行业、领域的安全生产监督管理职责不明确的,由县级以上地方各级人民政府按照业务相近的原则确定监督管理部门。

应急管理部门和对有关行业、领域的安全生产工作实施监督管理的部门,统称负有安全生产监督管理职责的部门。负有安全生产监督管理职责的部门应当相互配合、齐抓共管、信息共享、资源共用,依法加强安全生产监督管理工作。

第十一条　国务院有关部门应当按照保障安全生产的要求,依法及时制定有关的国家标准或者行业标准,并根据科技进步和经济发展适时修订。

生产经营单位必须执行依法制定的保障安全生产的国家标准或者行业标准。

第十二条　国务院有关部门按照职责分工负责安全生产强制性国家标准的项目提出、组织起草、征求意见、技术审查。国务院应急管理部门统筹提出安全生产强制性国家标准的立项计划。国务院标准化行政主管部门负责安全生产强制性国家标准的立项、编号、对外通报和授权批准发布工作。国务院标准化行政主管部门、有关部门依据法定职责对安全生产强制性国家标准的实施进行监督检查。

第十三条　各级人民政府及其有关部门应当采取多种形式,加强对有关安全生产的法律、法规和安全生产知识的宣传,增强全社会的安全生产意识。

第十四条　有关协会组织依照法律、行政法规和章程,为生产经营单位提供安全生产方面的信息、培训等服务,发挥自律作用,促进生产经营单位加强安全生产管理。

第十五条　依法设立的为安全生产提供技术、管理服务的机构,依照法律、行政法规和执业准则,接受生产经营单位的委托为其安全生产工作提供技术、管理服务。

生产经营单位委托前款规定的机构提供安全生产技术、管理服务的,保证安全生产的责任仍由本单位负责。

第十六条　国家实行生产安全事故责任追究制度,依照本法和有关法律、法规的规定,追究生产安全事故责任单位和责任人员的法律责任。

第十七条　县级以上各级人民政府应当组织负有安全生产监督管理职责的部门依法编制安全生产权力和责任清单,公开并接受社会监督。

第十八条　国家鼓励和支持安全生产科学技术研究和安全生产先进技术的推广应用,提高安全生产水平。

第十九条　国家对在改善安全生产条件、防止生产安全事故、参加抢险救护等方面取得显著成绩的单位和个人,给予奖励。

第二章　生产经营单位的安全生产保障

第二十条　生产经营单位应当具备本法和有关法律、行政法规和国家标准或者行业标准规定的安全生产条件;不具备安全生产条件的,不得从事生产经营活动。

第二十一条　生产经营单位的主要负责人对本单位安全生产工作负有下列职责:

(一)建立健全并落实本单位全员安全生产责任制,加强安全生产标准化建设;

(二)组织制定并实施本单位安全生产规章制度和操作规程;

(三)组织制定并实施本单位安全生产教育和培训计划;

(四)保证本单位安全生产投入的有效实施;

(五)组织建立并落实安全风险分级管控和隐患排查治理双重预防工作机制,督促、检查本单位的安全生产工作,及时消除生产安全事故隐患;

(六)组织制定并实施本单位的生产安全事故应急救援预案;

(七)及时、如实报告生产安全事故。

第二十二条　生产经营单位的全员安全生产责任制应当明确各岗位的责任人员、责任范围和考核标准等内容。

生产经营单位应当建立相应的机制,加强对全员安全生产责任制落实情况的监督考核,保证全员安全生产责任制的落实。

第二十三条　生产经营单位应当具备的安全生产条件所必需的资金投入,由生产经营单位的决策机构、主要负责人或者个人经营的投资人予以保证,并对由于安全生产所必需的资金投入不足导致的后果承担责任。

有关生产经营单位应当按照规定提取和使用安全生产费用,专门用于改善安全生产条件。安全生产费用在成本中据实列支。安全生产费用提取、使用和监督管理的具体办法由国务院财政部门会同国务院应急管理部门征求国务院有关部门意见后制定。

第二十四条　矿山、金属冶炼、建筑施工、运输单位和危险物品的生产、经营、储存、装卸单位,应当设置安全生产管理机构或者配备专职安全生产管理人员。

前款规定以外的其他生产经营单位,从业人员超过一百人的,应当设置安全生产管理机构或者配备专职安全生产管理人员;从业人员在一百人以下的,应当配备专职或者兼职的安全生产管理人员。

第二十五条　生产经营单位的安全生产管理机构以及安全生产管理人员履行下列

职责：

（一）组织或者参与拟订本单位安全生产规章制度、操作规程和生产安全事故应急救援预案；

（二）组织或者参与本单位安全生产教育和培训，如实记录安全生产教育和培训情况；

（三）组织开展危险源辨识和评估，督促落实本单位重大危险源的安全管理措施；

（四）组织或者参与本单位应急救援演练；

（五）检查本单位的安全生产状况，及时排查生产安全事故隐患，提出改进安全生产管理的建议；

（六）制止和纠正违章指挥、强令冒险作业、违反操作规程的行为；

（七）督促落实本单位安全生产整改措施。

生产经营单位可以设置专职安全生产分管负责人，协助本单位主要负责人履行安全生产管理职责。

第二十六条　生产经营单位的安全生产管理机构以及安全生产管理人员应当恪尽职守，依法履行职责。

生产经营单位作出涉及安全生产的经营决策，应当听取安全生产管理机构以及安全生产管理人员的意见。

生产经营单位不得因安全生产管理人员依法履行职责而降低其工资、福利等待遇或者解除与其订立的劳动合同。

危险物品的生产、储存单位以及矿山、金属冶炼单位的安全生产管理人员的任免，应当告知主管的负有安全生产监督管理职责的部门。

第二十七条　生产经营单位的主要负责人和安全生产管理人员必须具备与本单位所从事的生产经营活动相应的安全生产知识和管理能力。

危险物品的生产、经营、储存、装卸单位以及矿山、金属冶炼、建筑施工、运输单位的主要负责人和安全生产管理人员，应当由主管的负有安全生产监督管理职责的部门对其安全生产知识和管理能力考核合格。考核不得收费。

危险物品的生产、储存、装卸单位以及矿山、金属冶炼单位应当有注册安全工程师从事安全生产管理工作。鼓励其他生产经营单位聘用注册安全工程师从事安全生产管理工作。注册安全工程师按专业分类管理，具体办法由国务院人力资源和社会保障部门、国务院应急管理部门会同国务院有关部门制定。

第二十八条　生产经营单位应当对从业人员进行安全生产教育和培训，保证从业人员具备必要的安全生产知识，熟悉有关的安全生产规章制度和安全操作规程，掌握本岗位的安全操作技能，了解事故应急处理措施，知悉自身在安全生产方面的权利和义务。未经安全生产教育和培训合格的从业人员，不得上岗作业。

生产经营单位使用被派遣劳动者的，应当将被派遣劳动者纳入本单位从业人员统一管理，对被派遣劳动者进行岗位安全操作规程和安全操作技能的教育和培训。劳务派遣单位应当对被派遣劳动者进行必要的安全生产教育和培训。

生产经营单位接收中等职业学校、高等学校学生实习的,应当对实习学生进行相应的安全生产教育和培训,提供必要的劳动防护用品。学校应当协助生产经营单位对实习学生进行安全生产教育和培训。

生产经营单位应当建立安全生产教育和培训档案,如实记录安全生产教育和培训的时间、内容、参加人员以及考核结果等情况。

第二十九条 生产经营单位采用新工艺、新技术、新材料或者使用新设备,必须了解、掌握其安全技术特性,采取有效的安全防护措施,并对从业人员进行专门的安全生产教育和培训。

第三十条 生产经营单位的特种作业人员必须按照国家有关规定经专门的安全作业培训,取得相应资格,方可上岗作业。

特种作业人员的范围由国务院应急管理部门会同国务院有关部门确定。

第三十一条 生产经营单位新建、改建、扩建工程项目(以下统称建设项目)的安全设施,必须与主体工程同时设计、同时施工、同时投入生产和使用。安全设施投资应当纳入建设项目概算。

第三十二条 矿山、金属冶炼建设项目和用于生产、储存、装卸危险物品的建设项目,应当按照国家有关规定进行安全评价。

第三十三条 建设项目安全设施的设计人、设计单位应当对安全设施设计负责。

矿山、金属冶炼建设项目和用于生产、储存、装卸危险物品的建设项目的安全设施设计应当按照国家有关规定报经有关部门审查,审查部门及其负责审查的人员对审查结果负责。

第三十四条 矿山、金属冶炼建设项目和用于生产、储存、装卸危险物品的建设项目的施工单位必须按照批准的安全设施设计施工,并对安全设施的工程质量负责。

矿山、金属冶炼建设项目和用于生产、储存、装卸危险物品的建设项目竣工投入生产或者使用前,应当由建设单位负责组织对安全设施进行验收;验收合格后,方可投入生产和使用。负有安全生产监督管理职责的部门应当加强对建设单位验收活动和验收结果的监督核查。

第三十五条 生产经营单位应当在有较大危险因素的生产经营场所和有关设施、设备上,设置明显的安全警示标志。

第三十六条 安全设备的设计、制造、安装、使用、检测、维修、改造和报废,应当符合国家标准或者行业标准。

生产经营单位必须对安全设备进行经常性维护、保养,并定期检测,保证正常运转。维护、保养、检测应当作好记录,并由有关人员签字。

生产经营单位不得关闭、破坏直接关系生产安全的监控、报警、防护、救生设备、设施,或者篡改、隐瞒、销毁其相关数据、信息。

餐饮等行业的生产经营单位使用燃气的,应当安装可燃气体报警装置,并保障其正常使用。

第三十七条 生产经营单位使用的危险物品的容器、运输工具,以及涉及人身安全、危险性较大的海洋石油开采特种设备和矿山井下特种设备,必须按照国家有关规定,由专业生产单位生产,并经具有专业资质的检测、检验机构检测、检验合格,取得安全使用证或者安全标志,方可投入使用。检测、检验机构对检测、检验结果负责。

　　第三十八条　国家对严重危及生产安全的工艺、设备实行淘汰制度,具体目录由国务院应急管理部门会同国务院有关部门制定并公布。法律、行政法规对目录的制定另有规定的,适用其规定。

　　省、自治区、直辖市人民政府可以根据本地区实际情况制定并公布具体目录,对前款规定以外的危及生产安全的工艺、设备予以淘汰。

　　生产经营单位不得使用应当淘汰的危及生产安全的工艺、设备。

　　第三十九条　生产、经营、运输、储存、使用危险物品或者处置废弃危险物品的,由有关主管部门依照有关法律、法规的规定和国家标准或者行业标准审批并实施监督管理。

　　生产经营单位生产、经营、运输、储存、使用危险物品或者处置废弃危险物品,必须执行有关法律、法规和国家标准或者行业标准,建立专门的安全管理制度,采取可靠的安全措施,接受有关主管部门依法实施的监督管理。

　　第四十条　生产经营单位对重大危险源应当登记建档,进行定期检测、评估、监控,并制定应急预案,告知从业人员和相关人员在紧急情况下应当采取的应急措施。

　　生产经营单位应当按照国家有关规定将本单位重大危险源及有关安全措施、应急措施报有关地方人民政府应急管理部门和有关部门备案。有关地方人民政府应急管理部门和有关部门应当通过相关信息系统实现信息共享。

　　第四十一条　生产经营单位应当建立安全风险分级管控制度,按照安全风险分级采取相应的管控措施。

　　生产经营单位应当建立健全并落实生产安全事故隐患排查治理制度,采取技术、管理措施,及时发现并消除事故隐患。事故隐患排查治理情况应当如实记录,并通过职工大会或者职工代表大会、信息公示栏等方式向从业人员通报。其中,重大事故隐患排查治理情况应当及时向负有安全生产监督管理职责的部门和职工大会或者职工代表大会报告。

　　县级以上地方各级人民政府负有安全生产监督管理职责的部门应当将重大事故隐患纳入相关信息系统,建立健全重大事故隐患治理督办制度,督促生产经营单位消除重大事故隐患。

　　第四十二条　生产、经营、储存、使用危险物品的车间、商店、仓库不得与员工宿舍在同一座建筑物内,并应当与员工宿舍保持安全距离。

　　生产经营场所和员工宿舍应当设有符合紧急疏散要求、标志明显、保持畅通的出口、疏散通道。禁止占用、锁闭、封堵生产经营场所或者员工宿舍的出口、疏散通道。

　　第四十三条　生产经营单位进行爆破、吊装、动火、临时用电以及国务院应急管理部门会同国务院有关部门规定的其他危险作业,应当安排专门人员进行现场安全管理,确保操作规程的遵守和安全措施的落实。

第四十四条　生产经营单位应当教育和督促从业人员严格执行本单位的安全生产规章制度和安全操作规程；并向从业人员如实告知作业场所和工作岗位存在的危险因素、防范措施以及事故应急措施。

生产经营单位应当关注从业人员的身体、心理状况和行为习惯，加强对从业人员的心理疏导、精神慰藉，严格落实岗位安全生产责任，防范从业人员行为异常导致事故发生。

第四十五条　生产经营单位必须为从业人员提供符合国家标准或者行业标准的劳动防护用品，并监督、教育从业人员按照使用规则佩戴、使用。

第四十六条　生产经营单位的安全生产管理人员应当根据本单位的生产经营特点，对安全生产状况进行经常性检查；对检查中发现的安全问题，应当立即处理；不能处理的，应当及时报告本单位有关负责人，有关负责人应当及时处理。检查及处理情况应当如实记录在案。

生产经营单位的安全生产管理人员在检查中发现重大事故隐患，依照前款规定向本单位有关负责人报告，有关负责人不及时处理的，安全生产管理人员可以向主管的负有安全生产监督管理职责的部门报告，接到报告的部门应当依法及时处理。

第四十七条　生产经营单位应当安排用于配备劳动防护用品、进行安全生产培训的经费。

第四十八条　两个以上生产经营单位在同一作业区域内进行生产经营活动，可能危及对方生产安全的，应当签订安全生产管理协议，明确各自的安全生产管理职责和应当采取的安全措施，并指定专职安全生产管理人员进行安全检查与协调。

第四十九条　生产经营单位不得将生产经营项目、场所、设备发包或者出租给不具备安全生产条件或者相应资质的单位或者个人。

生产经营项目、场所发包或者出租给其他单位的，生产经营单位应当与承包单位、承租单位签订专门的安全生产管理协议，或者在承包合同、租赁合同中约定各自的安全生产管理职责；生产经营单位对承包单位、承租单位的安全生产工作统一协调、管理，定期进行安全检查，发现安全问题的，应当及时督促整改。

矿山、金属冶炼建设项目和用于生产、储存、装卸危险物品的建设项目的施工单位应当加强对施工项目的安全管理，不得倒卖、出租、出借、挂靠或者以其他形式非法转让施工资质，不得将其承包的全部建设工程转包给第三人或者将其承包的全部建设工程支解以后以分包的名义分别转包给第三人，不得将工程分包给不具备相应资质条件的单位。

第五十条　生产经营单位发生生产安全事故时，单位的主要负责人应当立即组织抢救，并不得在事故调查处理期间擅离职守。

第五十一条　生产经营单位必须依法参加工伤保险，为从业人员缴纳保险费。

国家鼓励生产经营单位投保安全生产责任保险；属于国家规定的高危行业、领域的生产经营单位，应当投保安全生产责任保险。具体范围和实施办法由国务院应急管理部门会同国务院财政部门、国务院保险监督管理机构和相关行业主管部门制定。

第三章 从业人员的安全生产权利义务

第五十二条 生产经营单位与从业人员订立的劳动合同,应当载明有关保障从业人员劳动安全、防止职业危害的事项,以及依法为从业人员办理工伤保险的事项。

生产经营单位不得以任何形式与从业人员订立协议,免除或者减轻其对从业人员因生产安全事故伤亡依法应承担的责任。

第五十三条 生产经营单位的从业人员有权了解其作业场所和工作岗位存在的危险因素、防范措施及事故应急措施,有权对本单位的安全生产工作提出建议。

第五十四条 从业人员有权对本单位安全生产工作中存在的问题提出批评、检举、控告;有权拒绝违章指挥和强令冒险作业。

生产经营单位不得因从业人员对本单位安全生产工作提出批评、检举、控告或者拒绝违章指挥、强令冒险作业而降低其工资、福利等待遇或者解除与其订立的劳动合同。

第五十五条 从业人员发现直接危及人身安全的紧急情况时,有权停止作业或者在采取可能的应急措施后撤离作业场所。

生产经营单位不得因从业人员在前款紧急情况下停止作业或者采取紧急撤离措施而降低其工资、福利等待遇或者解除与其订立的劳动合同。

第五十六条 生产经营单位发生生产安全事故后,应当及时采取措施救治有关人员。

因生产安全事故受到损害的从业人员,除依法享有工伤保险外,依照有关民事法律尚有获得赔偿的权利的,有权提出赔偿要求。

第五十七条 从业人员在作业过程中,应当严格落实岗位安全责任,遵守本单位的安全生产规章制度和操作规程,服从管理,正确佩戴和使用劳动防护用品。

第五十八条 从业人员应当接受安全生产教育和培训,掌握本职工作所需的安全生产知识,提高安全生产技能,增强事故预防和应急处理能力。

第五十九条 从业人员发现事故隐患或者其他不安全因素,应当立即向现场安全生产管理人员或者本单位负责人报告;接到报告的人员应当及时予以处理。

第六十条 工会有权对建设项目的安全设施与主体工程同时设计、同时施工、同时投入生产和使用进行监督,提出意见。

工会对生产经营单位违反安全生产法律、法规,侵犯从业人员合法权益的行为,有权要求纠正;发现生产经营单位违章指挥、强令冒险作业或者发现事故隐患时,有权提出解决的建议,生产经营单位应当及时研究答复;发现危及从业人员生命安全的情况时,有权向生产经营单位建议组织从业人员撤离危险场所,生产经营单位必须立即作出处理。

工会有权依法参加事故调查,向有关部门提出处理意见,并要求追究有关人员的责任。

第六十一条 生产经营单位使用被派遣劳动者的,被派遣劳动者享有本法规定的从业人员的权利,并应当履行本法规定的从业人员的义务。

第四章　安全生产的监督管理

第六十二条　县级以上地方各级人民政府应当根据本行政区域内的安全生产状况,组织有关部门按照职责分工,对本行政区域内容易发生重大生产安全事故的生产经营单位进行严格检查。

应急管理部门应当按照分类分级监督管理的要求,制定安全生产年度监督检查计划,并按照年度监督检查计划进行监督检查,发现事故隐患,应当及时处理。

第六十三条　负有安全生产监督管理职责的部门依照有关法律、法规的规定,对涉及安全生产的事项需要审查批准(包括批准、核准、许可、注册、认证、颁发证照等,下同)或者验收的,必须严格依照有关法律、法规和国家标准或者行业标准规定的安全生产条件和程序进行审查;不符合有关法律、法规和国家标准或者行业标准规定的安全生产条件的,不得批准或者验收通过。对未依法取得批准或者验收合格的单位擅自从事有关活动的,负责行政审批的部门发现或者接到举报后应当立即予以取缔,并依法予以处理。对已经依法取得批准的单位,负责行政审批的部门发现其不再具备安全生产条件的,应当撤销原批准。

第六十四条　负有安全生产监督管理职责的部门对涉及安全生产的事项进行审查、验收,不得收取费用;不得要求接受审查、验收的单位购买其指定品牌或者指定生产、销售单位的安全设备、器材或者其他产品。

第六十五条　应急管理部门和其他负有安全生产监督管理职责的部门依法开展安全生产行政执法工作,对生产经营单位执行有关安全生产的法律、法规和国家标准或者行业标准的情况进行监督检查,行使以下职权:

(一)进入生产经营单位进行检查,调阅有关资料,向有关单位和人员了解情况;

(二)对检查中发现的安全生产违法行为,当场予以纠正或者要求限期改正;对依法应当给予行政处罚的行为,依照本法和其他有关法律、行政法规的规定作出行政处罚决定;

(三)对检查中发现的事故隐患,应当责令立即排除;重大事故隐患排除前或者排除过程中无法保证安全的,应当责令从危险区域内撤出作业人员,责令暂时停产停业或者停止使用相关设施、设备;重大事故隐患排除后,经审查同意,方可恢复生产经营和使用;

(四)对有根据认为不符合保障安全生产的国家标准或者行业标准的设施、设备、器材以及违法生产、储存、使用、经营、运输的危险物品予以查封或者扣押,对违法生产、储存、使用、经营危险物品的作业场所予以查封,并依法作出处理决定。

监督检查不得影响被检查单位的正常生产经营活动。

第六十六条　生产经营单位对负有安全生产监督管理职责的部门的监督检查人员(以下统称安全生产监督检查人员)依法履行监督检查职责,应当予以配合,不得拒绝、阻挠。

第六十七条　安全生产监督检查人员应当忠于职守,坚持原则,秉公执法。

安全生产监督检查人员执行监督检查任务时,必须出示有效的行政执法证件;对涉及被检查单位的技术秘密和业务秘密,应当为其保密。

第六十八条 安全生产监督检查人员应当将检查的时间、地点、内容、发现的问题及其处理情况,作出书面记录,并由检查人员和被检查单位的负责人签字;被检查单位的负责人拒绝签字的,检查人员应当将情况记录在案,并向负有安全生产监督管理职责的部门报告。

第六十九条 负有安全生产监督管理职责的部门在监督检查中,应当互相配合,实行联合检查;确需分别进行检查的,应当互通情况,发现存在的安全问题应当由其他有关部门进行处理的,应当及时移送其他有关部门并形成记录备查,接受移送的部门应当及时进行处理。

第七十条 负有安全生产监督管理职责的部门依法对存在重大事故隐患的生产经营单位作出停产停业、停止施工、停止使用相关设施或者设备的决定,生产经营单位应当依法执行,及时消除事故隐患。生产经营单位拒不执行,有发生生产安全事故的现实危险的,在保证安全的前提下,经本部门主要负责人批准,负有安全生产监督管理职责的部门可以采取通知有关单位停止供电、停止供应民用爆炸物品等措施,强制生产经营单位履行决定。通知应当采用书面形式,有关单位应当予以配合。

负有安全生产监督管理职责的部门依照前款规定采取停止供电措施,除有危及生产安全的紧急情形外,应当提前二十四小时通知生产经营单位。生产经营单位依法履行行政决定、采取相应措施消除事故隐患的,负有安全生产监督管理职责的部门应当及时解除前款规定的措施。

第七十一条 监察机关依照监察法的规定,对负有安全生产监督管理职责的部门及其工作人员履行安全生产监督管理职责实施监察。

第七十二条 承担安全评价、认证、检测、检验职责的机构应当具备国家规定的资质条件,并对其作出的安全评价、认证、检测、检验结果的合法性、真实性负责。资质条件由国务院应急管理部门会同国务院有关部门制定。

承担安全评价、认证、检测、检验职责的机构应当建立并实施服务公开和报告公开制度,不得租借资质、挂靠、出具虚假报告。

第七十三条 负有安全生产监督管理职责的部门应当建立举报制度,公开举报电话、信箱或者电子邮件地址等网络举报平台,受理有关安全生产的举报;受理的举报事项经调查核实后,应当形成书面材料;需要落实整改措施的,报经有关负责人签字并督促落实。对不属于本部门职责,需要由其他有关部门进行调查处理的,转交其他有关部门处理。

涉及人员死亡的举报事项,应当由县级以上人民政府组织核查处理。

第七十四条 任何单位或者个人对事故隐患或者安全生产违法行为,均有权向负有安全生产监督管理职责的部门报告或者举报。

因安全生产违法行为造成重大事故隐患或者导致重大事故,致使国家利益或者社会公共利益受到侵害的,人民检察院可以根据民事诉讼法、行政诉讼法的相关规定提起公益诉讼。

第七十五条 居民委员会、村民委员会发现其所在区域内的生产经营单位存在事故隐患或者安全生产违法行为时,应当向当地人民政府或者有关部门报告。

第七十六条 县级以上各级人民政府及其有关部门对报告重大事故隐患或者举报安全生产违法行为的有功人员,给予奖励。具体奖励办法由国务院应急管理部门会同国务院财政部门制定。

第七十七条 新闻、出版、广播、电影、电视等单位有进行安全生产公益宣传教育的义务,有对违反安全生产法律、法规的行为进行舆论监督的权利。

第七十八条 负有安全生产监督管理职责的部门应当建立安全生产违法行为信息库,如实记录生产经营单位及其有关从业人员的安全生产违法行为信息;对违法行为情节严重的生产经营单位及其有关从业人员,应当及时向社会公告,并通报行业主管部门、投资主管部门、自然资源主管部门、生态环境主管部门、证券监督管理机构以及有关金融机构。有关部门和机构应当对存在失信行为的生产经营单位及其有关从业人员采取加大执法检查频次、暂停项目审批、上调有关保险费率、行业或者职业禁入等联合惩戒措施,并向社会公示。

负有安全生产监督管理职责的部门应当加强对生产经营单位行政处罚信息的及时归集、共享、应用和公开,对生产经营单位作出处罚决定后七个工作日内在监督管理部门公示系统予以公开曝光,强化对违法失信生产经营单位及其有关从业人员的社会监督,提高全社会安全生产诚信水平。

第五章 生产安全事故的应急救援与调查处理

第七十九条 国家加强生产安全事故应急能力建设,在重点行业、领域建立应急救援基地和应急救援队伍,并由国家安全生产应急救援机构统一协调指挥;鼓励生产经营单位和其他社会力量建立应急救援队伍,配备相应的应急救援装备和物资,提高应急救援的专业化水平。

国务院应急管理部门牵头建立全国统一的生产安全事故应急救援信息系统,国务院交通运输、住房和城乡建设、水利、民航等有关部门和县级以上地方人民政府建立健全相关行业、领域、地区的生产安全事故应急救援信息系统,实现互联互通、信息共享,通过推行网上安全信息采集、安全监管和监测预警,提升监管的精准化、智能化水平。

第八十条 县级以上地方各级人民政府应当组织有关部门制定本行政区域内生产安全事故应急救援预案,建立应急救援体系。

乡镇人民政府和街道办事处,以及开发区、工业园区、港区、风景区等应当制定相应的生产安全事故应急救援预案,协助人民政府有关部门或者按照授权依法履行生产安全事故应急救援工作职责。

第八十一条 生产经营单位应当制定本单位生产安全事故应急救援预案,与所在地县级以上地方人民政府组织制定的生产安全事故应急救援预案相衔接,并定期组织演练。

第八十二条 危险物品的生产、经营、储存单位以及矿山、金属冶炼、城市轨道交通运营、建筑施工单位应当建立应急救援组织；生产经营规模较小的，可以不建立应急救援组织，但应当指定兼职的应急救援人员。

危险物品的生产、经营、储存、运输单位以及矿山、金属冶炼、城市轨道交通运营、建筑施工单位应当配备必要的应急救援器材、设备和物资，并进行经常性维护、保养，保证正常运转。

第八十三条 生产经营单位发生生产安全事故后，事故现场有关人员应当立即报告本单位负责人。

单位负责人接到事故报告后，应当迅速采取有效措施，组织抢救，防止事故扩大，减少人员伤亡和财产损失，并按照国家有关规定立即如实报告当地负有安全生产监督管理职责的部门，不得隐瞒不报、谎报或者迟报，不得故意破坏事故现场、毁灭有关证据。

第八十四条 负有安全生产监督管理职责的部门接到事故报告后，应当立即按照国家有关规定上报事故情况。负有安全生产监督管理职责的部门和有关地方人民政府对事故情况不得隐瞒不报、谎报或者迟报。

第八十五条 有关地方人民政府和负有安全生产监督管理职责的部门的负责人接到生产安全事故报告后，应当按照生产安全事故应急救援预案的要求立即赶到事故现场，组织事故抢救。

参与事故抢救的部门和单位应当服从统一指挥，加强协同联动，采取有效的应急救援措施，并根据事故救援的需要采取警戒、疏散等措施，防止事故扩大和次生灾害的发生，减少人员伤亡和财产损失。

事故抢救过程中应当采取必要措施，避免或者减少对环境造成的危害。

任何单位和个人都应当支持、配合事故抢救，并提供一切便利条件。

第八十六条 事故调查处理应当按照科学严谨、依法依规、实事求是、注重实效的原则，及时、准确地查清事故原因，查明事故性质和责任，评估应急处置工作，总结事故教训，提出整改措施，并对事故责任单位和人员提出处理建议。事故调查报告应当依法及时向社会公布。事故调查和处理的具体办法由国务院制定。

事故发生单位应当及时全面落实整改措施，负有安全生产监督管理职责的部门应当加强监督检查。

负责事故调查处理的国务院有关部门和地方人民政府应当在批复事故调查报告后一年内，组织有关部门对事故整改和防范措施落实情况进行评估，并及时向社会公开评估结果；对不履行职责导致事故整改和防范措施没有落实的有关单位和人员，应当按照有关规定追究责任。

第八十七条 生产经营单位发生生产安全事故，经调查确定为责任事故的，除了应当查明事故单位的责任并依法予以追究外，还应当查明对安全生产的有关事项负有审查批准和监督职责的行政部门的责任，对有失职、渎职行为的，依照本法第九十条的规定追究法律责任。

第八十八条 任何单位和个人不得阻挠和干涉对事故的依法调查处理。

第八十九条 县级以上地方各级人民政府应急管理部门应当定期统计分析本行政区域内发生生产安全事故的情况,并定期向社会公布。

第六章 法 律 责 任

第九十条 负有安全生产监督管理职责的部门的工作人员,有下列行为之一的,给予降级或者撤职的处分;构成犯罪的,依照刑法有关规定追究刑事责任:

（一）对不符合法定安全生产条件的涉及安全生产的事项予以批准或者验收通过的;

（二）发现未依法取得批准、验收的单位擅自从事有关活动或者接到举报后不予取缔或者不依法予以处理的;

（三）对已经依法取得批准的单位不履行监督管理职责,发现其不再具备安全生产条件而不撤销原批准或者发现安全生产违法行为不予查处的;

（四）在监督检查中发现重大事故隐患,不依法及时处理的。

负有安全生产监督管理职责的部门的工作人员有前款规定以外的滥用职权、玩忽职守、徇私舞弊行为的,依法给予处分;构成犯罪的,依照刑法有关规定追究刑事责任。

第九十一条 负有安全生产监督管理职责的部门,要求被审查、验收的单位购买其指定的安全设备、器材或者其他产品的,在对安全生产事项的审查、验收中收取费用的,由其上级机关或者监察机关责令改正,责令退还收取的费用;情节严重的,对直接负责的主管人员和其他直接责任人员依法给予处分。

第九十二条 承担安全评价、认证、检测、检验职责的机构出具失实报告的,责令停业整顿,并处三万元以上十万元以下的罚款;给他人造成损害的,依法承担赔偿责任。

承担安全评价、认证、检测、检验职责的机构租借资质、挂靠、出具虚假报告的,没收违法所得;违法所得在十万元以上的,并处违法所得二倍以上五倍以下的罚款,没有违法所得或者违法所得不足十万元的,单处或者并处十万元以上二十万元以下的罚款;对其直接负责的主管人员和其他直接责任人员处五万元以上十万元以下的罚款;给他人造成损害的,与生产经营单位承担连带赔偿责任;构成犯罪的,依照刑法有关规定追究刑事责任。

对有前款违法行为的机构及其直接责任人员,吊销其相应资质和资格,五年内不得从事安全评价、认证、检测、检验等工作;情节严重的,实行终身行业和职业禁入。

第九十三条 生产经营单位的决策机构、主要负责人或者个人经营的投资人不依照本法规定保证安全生产所必需的资金投入,致使生产经营单位不具备安全生产条件的,责令限期改正,提供必需的资金;逾期未改正的,责令生产经营单位停产停业整顿。

有前款违法行为,导致发生生产安全事故的,对生产经营单位的主要负责人给予撤职处分,对个人经营的投资人处二万元以上二十万元以下的罚款;构成犯罪的,依照刑法有关规定追究刑事责任。

第九十四条 生产经营单位的主要负责人未履行本法规定的安全生产管理职责的,责令限期改正,处二万元以上五万元以下的罚款;逾期未改正的,处五万元以上十万元以下的罚款,责令生产经营单位停产停业整顿。

生产经营单位的主要负责人有前款违法行为,导致发生生产安全事故的,给予撤职处分;构成犯罪的,依照刑法有关规定追究刑事责任。

生产经营单位的主要负责人依照前款规定受刑事处罚或者撤职处分的,自刑罚执行完毕或者受处分之日起,五年内不得担任任何生产经营单位的主要负责人;对重大、特别重大生产安全事故负有责任的,终身不得担任本行业生产经营单位的主要负责人。

第九十五条 生产经营单位的主要负责人未履行本法规定的安全生产管理职责,导致发生生产安全事故的,由应急管理部门依照下列规定处以罚款:

(一)发生一般事故的,处上一年年收入百分之四十的罚款;

(二)发生较大事故的,处上一年年收入百分之六十的罚款;

(三)发生重大事故的,处上一年年收入百分之八十的罚款;

(四)发生特别重大事故的,处上一年年收入百分之一百的罚款。

第九十六条 生产经营单位的其他负责人和安全生产管理人员未履行本法规定的安全生产管理职责的,责令限期改正,处一万元以上三万元以下的罚款;导致发生生产安全事故的,暂停或者吊销其与安全生产有关的资格,并处上一年年收入百分之二十以上百分之五十以下的罚款;构成犯罪的,依照刑法有关规定追究刑事责任。

第九十七条 生产经营单位有下列行为之一的,责令限期改正,处十万元以下的罚款;逾期未改正的,责令停产停业整顿,并处十万元以上二十万元以下的罚款,对其直接负责的主管人员和其他直接责任人员处二万元以上五万元以下的罚款:

(一)未按照规定设置安全生产管理机构或者配备安全生产管理人员、注册安全工程师的;

(二)危险物品的生产、经营、储存、装卸单位以及矿山、金属冶炼、建筑施工、运输单位的主要负责人和安全生产管理人员未按照规定经考核合格的;

(三)未按照规定对从业人员、被派遣劳动者、实习学生进行安全生产教育和培训,或者未按照规定如实告知有关的安全生产事项的;

(四)未如实记录安全生产教育和培训情况的;

(五)未将事故隐患排查治理情况如实记录或者未向从业人员通报的;

(六)未按照规定制定生产安全事故应急救援预案或者未定期组织演练的;

(七)特种作业人员未按照规定经专门的安全作业培训并取得相应资格,上岗作业的。

第九十八条 生产经营单位有下列行为之一的,责令停止建设或者停产停业整顿,限期改正,并处十万元以上五十万元以下的罚款,对其直接负责的主管人员和其他直接责任人员处二万元以上五万元以下的罚款;逾期未改正的,处五十万元以上一百万元以下的罚款,对其直接负责的主管人员和其他直接责任人员处五万元以上十万元以下的罚款;构成犯罪的,依照刑法有关规定追究刑事责任:

(一)未按照规定对矿山、金属冶炼建设项目或者用于生产、储存、装卸危险物品的建设项目进行安全评价的;

（二）矿山、金属冶炼建设项目或者用于生产、储存、装卸危险物品的建设项目没有安全设施设计或者安全设施设计未按照规定报经有关部门审查同意的；

（三）矿山、金属冶炼建设项目或者用于生产、储存、装卸危险物品的建设项目的施工单位未按照批准的安全设施设计施工的；

（四）矿山、金属冶炼建设项目或者用于生产、储存、装卸危险物品的建设项目竣工投入生产或者使用前，安全设施未经验收合格的。

第九十九条 生产经营单位有下列行为之一的，责令限期改正，处五万元以下的罚款；逾期未改正的，处五万元以上二十万元以下的罚款，对其直接负责的主管人员和其他直接责任人员处一万元以上二万元以下的罚款；情节严重的，责令停产停业整顿；构成犯罪的，依照刑法有关规定追究刑事责任：

（一）未在有较大危险因素的生产经营场所和有关设施、设备上设置明显的安全警示标志的；

（二）安全设备的安装、使用、检测、改造和报废不符合国家标准或者行业标准的；

（三）未对安全设备进行经常性维护、保养和定期检测的；

（四）关闭、破坏直接关系生产安全的监控、报警、防护、救生设备、设施，或者篡改、隐瞒、销毁其相关数据、信息的；

（五）未为从业人员提供符合国家标准或者行业标准的劳动防护用品的；

（六）危险物品的容器、运输工具，以及涉及人身安全、危险性较大的海洋石油开采特种设备和矿山井下特种设备未经具有专业资质的机构检测、检验合格，取得安全使用证或者安全标志，投入使用的；

（七）使用应当淘汰的危及生产安全的工艺、设备的；

（八）餐饮等行业的生产经营单位使用燃气未安装可燃气体报警装置的。

第一百条 未经依法批准，擅自生产、经营、运输、储存、使用危险物品或者处置废弃危险物品的，依照有关危险物品安全管理的法律、行政法规的规定予以处罚；构成犯罪的，依照刑法有关规定追究刑事责任。

第一百零一条 生产经营单位有下列行为之一的，责令限期改正，处十万元以下的罚款；逾期未改正的，责令停产停业整顿，并处十万元以上二十万元以下的罚款，对其直接负责的主管人员和其他直接责任人员处二万元以上五万元以下的罚款；构成犯罪的，依照刑法有关规定追究刑事责任：

（一）生产、经营、运输、储存、使用危险物品或者处置废弃危险物品，未建立专门安全管理制度、未采取可靠的安全措施的；

（二）对重大危险源未登记建档，未进行定期检测、评估、监控，未制定应急预案，或者未告知应急措施的；

（三）进行爆破、吊装、动火、临时用电以及国务院应急管理部门会同国务院有关部门规定的其他危险作业，未安排专门人员进行现场安全管理的；

（四）未建立安全风险分级管控制度或者未按照安全风险分级采取相应管控措施的；

（五）未建立事故隐患排查治理制度，或者重大事故隐患排查治理情况未按照规定报告的。

第一百零二条　生产经营单位未采取措施消除事故隐患的，责令立即消除或者限期消除，处五万元以下的罚款；生产经营单位拒不执行的，责令停产停业整顿，对其直接负责的主管人员和其他直接责任人员处五万元以上十万元以下的罚款；构成犯罪的，依照刑法有关规定追究刑事责任。

第一百零三条　生产经营单位将生产经营项目、场所、设备发包或者出租给不具备安全生产条件或者相应资质的单位或者个人的，责令限期改正，没收违法所得；违法所得十万元以上的，并处违法所得二倍以上五倍以下的罚款；没有违法所得或者违法所得不足十万元的，单处或者并处十万元以上二十万元以下的罚款；对其直接负责的主管人员和其他直接责任人员处一万元以上二万元以下的罚款；导致发生生产安全事故给他人造成损害的，与承包方、承租方承担连带赔偿责任。

生产经营单位未与承包单位、承租单位签订专门的安全生产管理协议或者未在承包合同、租赁合同中明确各自的安全生产管理职责，或者未对承包单位、承租单位的安全生产统一协调、管理的，责令限期改正，处五万元以下的罚款，对其直接负责的主管人员和其他直接责任人员处一万元以下的罚款；逾期未改正的，责令停产停业整顿。

矿山、金属冶炼建设项目和用于生产、储存、装卸危险物品的建设项目的施工单位未按照规定对施工项目进行安全管理的，责令限期改正，处十万元以下的罚款，对其直接负责的主管人员和其他直接责任人员处二万元以下的罚款；逾期未改正的，责令停产停业整顿。以上施工单位倒卖、出租、出借、挂靠或者以其他形式非法转让施工资质的，责令停产停业整顿，吊销资质证书，没收违法所得；违法所得十万元以上的，并处违法所得二倍以上五倍以下的罚款，没有违法所得或者违法所得不足十万元的，单处或者并处十万元以上二十万元以下的罚款；对其直接负责的主管人员和其他直接责任人员处五万元以上十万元以下的罚款；构成犯罪的，依照刑法有关规定追究刑事责任。

第一百零四条　两个以上生产经营单位在同一作业区域内进行可能危及对方安全生产的生产经营活动，未签订安全生产管理协议或者未指定专职安全生产管理人员进行安全检查与协调的，责令限期改正，处五万元以下的罚款，对其直接负责的主管人员和其他直接责任人员处一万元以下的罚款；逾期未改正的，责令停产停业。

第一百零五条　生产经营单位有下列行为之一的，责令限期改正，处五万元以下的罚款，对其直接负责的主管人员和其他直接责任人员处一万元以下的罚款；逾期未改正的，责令停产停业整顿；构成犯罪的，依照刑法有关规定追究刑事责任：

（一）生产、经营、储存、使用危险物品的车间、商店、仓库与员工宿舍在同一座建筑内，或者与员工宿舍的距离不符合安全要求的；

（二）生产经营场所和员工宿舍未设有符合紧急疏散需要、标志明显、保持畅通的出口、疏散通道，或者占用、锁闭、封堵生产经营场所或者员工宿舍出口、疏散通道的。

第一百零六条　生产经营单位与从业人员订立协议，免除或者减轻其对从业人员因生产安全事故伤亡依法应承担的责任的，该协议无效；对生产经营单位的主要负责人、个人经营的投资人处二万元以上十万元以下的罚款。

第一百零七条 生产经营单位的从业人员不落实岗位安全责任,不服从管理,违反安全生产规章制度或者操作规程的,由生产经营单位给予批评教育,依照有关规章制度给予处分;构成犯罪的,依照刑法有关规定追究刑事责任。

第一百零八条 违反本法规定,生产经营单位拒绝、阻碍负有安全生产监督管理职责的部门依法实施监督检查的,责令改正;拒不改正的,处二万元以上二十万元以下的罚款;对其直接负责的主管人员和其他直接责任人员处一万元以上二万元以下的罚款;构成犯罪的,依照刑法有关规定追究刑事责任。

第一百零九条 高危行业、领域的生产经营单位未按照国家规定投保安全生产责任保险的,责令限期改正,处五万元以上十万元以下的罚款;逾期未改正的,处十万元以上二十万元以下的罚款。

第一百一十条 生产经营单位的主要负责人在本单位发生生产安全事故时,不立即组织抢救或者在事故调查处理期间擅离职守或者逃匿的,给予降级、撤职的处分,并由应急管理部门处上一年年收入百分之六十至百分之一百的罚款;对逃匿的处十五日以下拘留;构成犯罪的,依照刑法有关规定追究刑事责任。

生产经营单位的主要负责人对生产安全事故隐瞒不报、谎报或者迟报的,依照前款规定处罚。

第一百一十一条 有关地方人民政府、负有安全生产监督管理职责的部门,对生产安全事故隐瞒不报、谎报或者迟报的,对直接负责的主管人员和其他直接责任人员依法给予处分;构成犯罪的,依照刑法有关规定追究刑事责任。

第一百一十二条 生产经营单位违反本法规定,被责令改正且受到罚款处罚,拒不改正的,负有安全生产监督管理职责的部门可以自作出责令改正之日的次日起,按照原处罚数额按日连续处罚。

第一百一十三条 生产经营单位存在下列情形之一的,负有安全生产监督管理职责的部门应当提请地方人民政府予以关闭,有关部门应当依法吊销其有关证照。生产经营单位主要负责人五年内不得担任任何生产经营单位的主要负责人;情节严重的,终身不得担任本行业生产经营单位的主要负责人:

(一)存在重大事故隐患,一百八十日内三次或者一年内四次受到本法规定的行政处罚的;

(二)经停产停业整顿,仍不具备法律、行政法规和国家标准或者行业标准规定的安全生产条件的;

(三)不具备法律、行政法规和国家标准或者行业标准规定的安全生产条件,导致发生重大、特别重大生产安全事故的;

(四)拒不执行负有安全生产监督管理职责的部门作出的停产停业整顿决定的。

第一百一十四条 发生生产安全事故,对负有责任的生产经营单位除要求其依法承担相应的赔偿等责任外,由应急管理部门依照下列规定处以罚款:

(一)发生一般事故的,处三十万元以上一百万元以下的罚款;

（二）发生较大事故的，处一百万元以上二百万元以下的罚款；

（三）发生重大事故的，处二百万元以上一千万元以下的罚款；

（四）发生特别重大事故的，处一千万元以上二千万元以下的罚款。

发生生产安全事故，情节特别严重、影响特别恶劣的，应急管理部门可以按照前款罚款数额的二倍以上五倍以下对负有责任的生产经营单位处以罚款。

第一百一十五条 本法规定的行政处罚，由应急管理部门和其他负有安全生产监督管理职责的部门按照职责分工决定；其中，根据本法第九十五条、第一百一十条、第一百一十四条的规定应当给予民航、铁路、电力行业的生产经营单位及其主要负责人行政处罚的，也可以由主管的负有安全生产监督管理职责的部门进行处罚。予以关闭的行政处罚，由负有安全生产监督管理职责的部门报请县级以上人民政府按照国务院规定的权限决定；给予拘留的行政处罚，由公安机关依照治安管理处罚的规定决定。

第一百一十六条 生产经营单位发生生产安全事故造成人员伤亡、他人财产损失的，应当依法承担赔偿责任；拒不承担或者其负责人逃匿的，由人民法院依法强制执行。

生产安全事故的责任人未依法承担赔偿责任，经人民法院依法采取执行措施后，仍不能对受害人给予足额赔偿的，应当继续履行赔偿义务；受害人发现责任人有其他财产的，可以随时请求人民法院执行。

第七章 附 则

第一百一十七条 本法下列用语的含义：

危险物品，是指易燃易爆物品、危险化学品、放射性物品等能够危及人身安全和财产安全的物品。

重大危险源，是指长期地或者临时地生产、搬运、使用或者储存危险物品，且危险物品的数量等于或者超过临界量的单元（包括场所和设施）。

第一百一十八条 本法规定的生产安全一般事故、较大事故、重大事故、特别重大事故的划分标准由国务院规定。

国务院应急管理部门和其他负有安全生产监督管理职责的部门应当根据各自的职责分工，制定相关行业、领域重大危险源的辨识标准和重大事故隐患的判定标准。

第一百一十九条 本法自 2002 年 11 月 1 日起施行。

二、中华人民共和国突发事件应对法

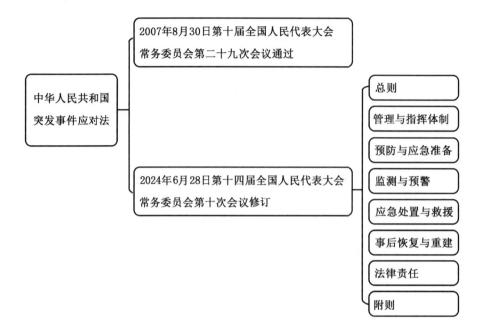

目　　录

第一章　总　　则

第一条　为了预防和减少突发事件的发生,控制、减轻和消除突发事件引起的严重社会危害,提高突发事件预防和应对能力,规范突发事件应对活动,保护人民生命财产安全,维护国家安全、公共安全、生态环境安全和社会秩序,根据宪法,制定本法。

第二条　本法所称突发事件,是指突然发生,造成或者可能造成严重社会危害,需要采取应急处置措施予以应对的自然灾害、事故灾难、公共卫生事件和社会安全事件。

突发事件的预防与应急准备、监测与预警、应急处置与救援、事后恢复与重建等应对活动,适用本法。

《中华人民共和国传染病防治法》等有关法律对突发公共卫生事件应对作出规定

的,适用其规定。有关法律没有规定的,适用本法。

第三条 按照社会危害程度、影响范围等因素,突发自然灾害、事故灾难、公共卫生事件分为特别重大、重大、较大和一般四级。法律、行政法规或者国务院另有规定的,从其规定。

突发事件的分级标准由国务院或者国务院确定的部门制定。

第四条 突发事件应对工作坚持中国共产党的领导,坚持以马克思列宁主义、毛泽东思想、邓小平理论、"三个代表"重要思想、科学发展观、习近平新时代中国特色社会主义思想为指导,建立健全集中统一、高效权威的中国特色突发事件应对工作领导体制,完善党委领导、政府负责、部门联动、军地联合、社会协同、公众参与、科技支撑、法治保障的治理体系。

第五条 突发事件应对工作应当坚持总体国家安全观,统筹发展与安全;坚持人民至上、生命至上;坚持依法科学应对,尊重和保障人权;坚持预防为主、预防与应急相结合。

第六条 国家建立有效的社会动员机制,组织动员企业事业单位、社会组织、志愿者等各方力量依法有序参与突发事件应对工作,增强全民的公共安全和防范风险的意识,提高全社会的避险救助能力。

第七条 国家建立健全突发事件信息发布制度。有关人民政府和部门应当及时向社会公布突发事件相关信息和有关突发事件应对的决定、命令、措施等信息。

任何单位和个人不得编造、故意传播有关突发事件的虚假信息。有关人民政府和部门发现影响或者可能影响社会稳定、扰乱社会和经济管理秩序的虚假或者不完整信息的,应当及时发布准确的信息予以澄清。

第八条 国家建立健全突发事件新闻采访报道制度。有关人民政府和部门应当做好新闻媒体服务引导工作,支持新闻媒体开展采访报道和舆论监督。

新闻媒体采访报道突发事件应当及时、准确、客观、公正。

新闻媒体应当开展突发事件应对法律法规、预防与应急、自救与互救知识等的公益宣传。

第九条 国家建立突发事件应对工作投诉、举报制度,公布统一的投诉、举报方式。

对于不履行或者不正确履行突发事件应对工作职责的行为,任何单位和个人有权向有关人民政府和部门投诉、举报。

接到投诉、举报的人民政府和部门应当依照规定立即组织调查处理,并将调查处理结果以适当方式告知投诉人、举报人;投诉、举报事项不属于其职责的,应当及时移送有关机关处理。

有关人民政府和部门对投诉人、举报人的相关信息应当予以保密,保护投诉人、举报人的合法权益。

第十条 突发事件应对措施应当与突发事件可能造成的社会危害的性质、程度和范围相适应;有多种措施可供选择的,应当选择有利于最大程度地保护公民、法人和其他组织权益,且对他人权益损害和生态环境影响较小的措施,并根据情况变化及时调整,做到科学、精准、有效。

第十一条 国家在突发事件应对工作中,应当对未成年人、老年人、残疾人、孕产期和哺乳期的妇女、需要及时就医的伤病人员等群体给予特殊、优先保护。

第十二条 县级以上人民政府及其部门为应对突发事件的紧急需要,可以征用单位和个人的设备、设施、场地、交通工具等财产。被征用的财产在使用完毕或者突发事件应急处置工作结束后,应当及时返还。财产被征用或者征用后毁损、灭失的,应当给予公平、合理的补偿。

第十三条 因依法采取突发事件应对措施,致使诉讼、监察调查、行政复议、仲裁、国家赔偿等活动不能正常进行的,适用有关时效中止和程序中止的规定,法律另有规定的除外。

第十四条 中华人民共和国政府在突发事件的预防与应急准备、监测与预警、应急处置与救援、事后恢复与重建等方面,同外国政府和有关国际组织开展合作与交流。

第十五条 对在突发事件应对工作中做出突出贡献的单位和个人,按照国家有关规定给予表彰、奖励。

第二章 管理与指挥体制

第十六条 国家建立统一指挥、专常兼备、反应灵敏、上下联动的应急管理体制和综合协调、分类管理、分级负责、属地管理为主的工作体系。

第十七条 县级人民政府对本行政区域内突发事件的应对管理工作负责。突发事件发生后,发生地县级人民政府应当立即采取措施控制事态发展,组织开展应急救援和处置工作,并立即向上一级人民政府报告,必要时可以越级上报,具备条件的,应当进行网络直报或者自动速报。

突发事件发生地县级人民政府不能消除或者不能有效控制突发事件引起的严重社会危害的,应当及时向上级人民政府报告。上级人民政府应当及时采取措施,统一领导应急处置工作。

法律、行政法规规定由国务院有关部门对突发事件应对管理工作负责的,从其规定;地方人民政府应当积极配合并提供必要的支持。

第十八条 突发事件涉及两个以上行政区域的,其应对管理工作由有关行政区域共同的上一级人民政府负责,或者由各有关行政区域的上一级人民政府共同负责。共同负责的人民政府应当按照国家有关规定,建立信息共享和协调配合机制。根据共同应对突发事件的需要,地方人民政府之间可以建立协同应对机制。

第十九条 县级以上人民政府是突发事件应对管理工作的行政领导机关。

国务院在总理领导下研究、决定和部署特别重大突发事件的应对工作;根据实际需要,设立国家突发事件应急指挥机构,负责突发事件应对工作;必要时,国务院可以派出工作组指导有关工作。

县级以上地方人民政府设立由本级人民政府主要负责人、相关部门负责人、国家综合性消防救援队伍和驻当地中国人民解放军、中国人民武装警察部队有关负责人等组成的突发事件应急指挥机构,统一领导、协调本级人民政府各有关部门和下级人民政府开展突发事件应对工作;根据实际需要,设立相关类别突发事件应急指挥机构,组织、协调、指挥突发事件应对工作。

第二十条　突发事件应急指挥机构在突发事件应对过程中可以依法发布有关突发事件应对的决定、命令、措施。突发事件应急指挥机构发布的决定、命令、措施与设立它的人民政府发布的决定、命令、措施具有同等效力,法律责任由设立它的人民政府承担。

第二十一条　县级以上人民政府应急管理部门和卫生健康、公安等有关部门应当在各自职责范围内做好有关突发事件应对管理工作,并指导、协助下级人民政府及其相应部门做好有关突发事件的应对管理工作。

第二十二条　乡级人民政府、街道办事处应当明确专门工作力量,负责突发事件应对有关工作。

居民委员会、村民委员会依法协助人民政府和有关部门做好突发事件应对工作。

第二十三条　公民、法人和其他组织有义务参与突发事件应对工作。

第二十四条　中国人民解放军、中国人民武装警察部队和民兵组织依照本法和其他有关法律、行政法规、军事法规的规定以及国务院、中央军事委员会的命令,参加突发事件的应急救援和处置工作。

第二十五条　县级以上人民政府及其设立的突发事件应急指挥机构发布的有关突发事件应对的决定、命令、措施,应当及时报本级人民代表大会常务委员会备案;突发事件应急处置工作结束后,应当向本级人民代表大会常务委员会作出专项工作报告。

第三章　预防与应急准备

第二十六条　国家建立健全突发事件应急预案体系。

国务院制定国家突发事件总体应急预案,组织制定国家突发事件专项应急预案;国务院有关部门根据各自的职责和国务院相关应急预案,制定国家突发事件部门应急预案并报国务院备案。

地方各级人民政府和县级以上地方人民政府有关部门根据有关法律、法规、规章、上级人民政府及其有关部门的应急预案以及本地区、本部门的实际情况,制定相应的突发事件应急预案并按国务院有关规定备案。

第二十七条　县级以上人民政府应急管理部门指导突发事件应急预案体系建设,综合协调应急预案衔接工作,增强有关应急预案的衔接性和实效性。

第二十八条　应急预案应当根据本法和其他有关法律、法规的规定,针对突发事件的性质、特点和可能造成的社会危害,具体规定突发事件应对管理工作的组织指挥体系与职责和突发事件的预防与预警机制、处置程序、应急保障措施以及事后恢复与重建措施等内容。

应急预案制定机关应当广泛听取有关部门、单位、专家和社会各方面意见,增强应急预案的针对性和可操作性,并根据实际需要、情势变化、应急演练中发现的问题等及时对应急预案作出修订。

应急预案的制定、修订、备案等工作程序和管理办法由国务院规定。

第二十九条 县级以上人民政府应当将突发事件应对工作纳入国民经济和社会发展规划。县级以上人民政府有关部门应当制定突发事件应急体系建设规划。

第三十条 国土空间规划等规划应当符合预防、处置突发事件的需要,统筹安排突发事件应对工作所必需的设备和基础设施建设,合理确定应急避难、封闭隔离、紧急医疗救治等场所,实现日常使用和应急使用的相互转换。

第三十一条 国务院应急管理部门会同卫生健康、自然资源、住房城乡建设等部门统筹、指导全国应急避难场所的建设和管理工作,建立健全应急避难场所标准体系。县级以上地方人民政府负责本行政区域内应急避难场所的规划、建设和管理工作。

第三十二条 国家建立健全突发事件风险评估体系,对可能发生的突发事件进行综合性评估,有针对性地采取有效防范措施,减少突发事件的发生,最大限度减轻突发事件的影响。

第三十三条 县级人民政府应当对本行政区域内容易引发自然灾害、事故灾难和公共卫生事件的危险源、危险区域进行调查、登记、风险评估,定期进行检查、监控,并责令有关单位采取安全防范措施。

省级和设区的市级人民政府应当对本行政区域内容易引发特别重大、重大突发事件的危险源、危险区域进行调查、登记、风险评估,组织进行检查、监控,并责令有关单位采取安全防范措施。

县级以上地方人民政府应当根据情况变化,及时调整危险源、危险区域的登记。登记的危险源、危险区域及其基础信息,应当按照国家有关规定接入突发事件信息系统,并及时向社会公布。

第三十四条 县级人民政府及其有关部门、乡级人民政府、街道办事处、居民委员会、村民委员会应当及时调解处理可能引发社会安全事件的矛盾纠纷。

第三十五条 所有单位应当建立健全安全管理制度,定期开展危险源辨识评估,制定安全防范措施;定期检查本单位各项安全防范措施的落实情况,及时消除事故隐患;掌握并及时处理本单位存在的可能引发社会安全事件的问题,防止矛盾激化和事态扩大;对本单位可能发生的突发事件和采取安全防范措施的情况,应当按照规定及时向所在地人民政府或者有关部门报告。

第三十六条 矿山、金属冶炼、建筑施工单位和易燃易爆物品、危险化学品、放射性物品等危险物品的生产、经营、运输、储存、使用单位,应当制定具体应急预案,配备必要的应急救援器材、设备和物资,并对生产经营场所、有危险物品的建筑物、构筑物及周边环境开展隐患排查,及时采取措施管控风险和消除隐患,防止发生突发事件。

第三十七条 公共交通工具、公共场所和其他人员密集场所的经营单位或者管理单位应当制定具体应急预案,为交通工具和有关场所配备报警装置和必要的应急救援设备、设施,注明其使用方法,并显著标明安全撤离的通道、路线,保证安全通道、出口的畅通。

有关单位应当定期检测、维护其报警装置和应急救援设备、设施,使其处于良好状态,确保正常使用。

第三十八条　县级以上人民政府应当建立健全突发事件应对管理培训制度,对人民政府及其有关部门负有突发事件应对管理职责的工作人员以及居民委员会、村民委员会有关人员定期进行培训。

第三十九条　国家综合性消防救援队伍是应急救援的综合性常备骨干力量,按照国家有关规定执行综合应急救援任务。县级以上人民政府有关部门可以根据实际需要设立专业应急救援队伍。

县级以上人民政府及其有关部门可以建立由成年志愿者组成的应急救援队伍。乡级人民政府、街道办事处和有条件的居民委员会、村民委员会可以建立基层应急救援队伍,及时、就近开展应急救援。单位应当建立由本单位职工组成的专职或者兼职应急救援队伍。

国家鼓励和支持社会力量建立提供社会化应急救援服务的应急救援队伍。社会力量建立的应急救援队伍参与突发事件应对工作应当服从履行统一领导职责或者组织处置突发事件的人民政府、突发事件应急指挥机构的统一指挥。

县级以上人民政府应当推动专业应急救援队伍与非专业应急救援队伍联合培训、联合演练,提高合成应急、协同应急的能力。

第四十条　地方各级人民政府、县级以上人民政府有关部门、有关单位应当为其组建的应急救援队伍购买人身意外伤害保险,配备必要的防护装备和器材,防范和减少应急救援人员的人身伤害风险。

专业应急救援人员应当具备相应的身体条件、专业技能和心理素质,取得国家规定的应急救援职业资格,具体办法由国务院应急管理部门会同国务院有关部门制定。

第四十一条　中国人民解放军、中国人民武装警察部队和民兵组织应当有计划地组织开展应急救援的专门训练。

第四十二条　县级人民政府及其有关部门、乡级人民政府、街道办事处应当组织开展面向社会公众的应急知识宣传普及活动和必要的应急演练。

居民委员会、村民委员会、企业事业单位、社会组织应当根据所在地人民政府的要求,结合各自的实际情况,开展面向居民、村民、职工等的应急知识宣传普及活动和必要的应急演练。

第四十三条　各级各类学校应当把应急教育纳入教育教学计划,对学生及教职工开展应急知识教育和应急演练,培养安全意识,提高自救与互救能力。

教育主管部门应当对学校开展应急教育进行指导和监督,应急管理等部门应当给予支持。

第四十四条　各级人民政府应当将突发事件应对工作所需经费纳入本级预算,并加强资金管理,提高资金使用绩效。

第四十五条　国家按照集中管理、统一调拨、平时服务、灾时应急、采储结合、节约高效的原则,建立健全应急物资储备保障制度,动态更新应急物资储备品种目录,完善重要应急物资的监管、生产、采购、储备、调拨和紧急配送体系,促进安全应急产业发展,优化产业布局。

国家储备物资品种目录、总体发展规划,由国务院发展改革部门会同国务院有关部门拟订。国务院应急管理等部门依据职责制定应急物资储备规划、品种目录,并组织实施。应急物资储备规划应当纳入国家储备总体发展规划。

第四十六条 设区的市级以上人民政府和突发事件易发、多发地区的县级人民政府应当建立应急救援物资、生活必需品和应急处置装备的储备保障制度。

县级以上地方人民政府应当根据本地区的实际情况和突发事件应对工作的需要,依法与有条件的企业签订协议,保障应急救援物资、生活必需品和应急处置装备的生产、供给。有关企业应当根据协议,按照县级以上地方人民政府要求,进行应急救援物资、生活必需品和应急处置装备的生产、供给,并确保符合国家有关产品质量的标准和要求。

国家鼓励公民、法人和其他组织储备基本的应急自救物资和生活必需品。有关部门可以向社会公布相关物资、物品的储备指南和建议清单。

第四十七条 国家建立健全应急运输保障体系,统筹铁路、公路、水运、民航、邮政、快递等运输和服务方式,制定应急运输保障方案,保障应急物资、装备和人员及时运输。

县级以上地方人民政府和有关主管部门应当根据国家应急运输保障方案,结合本地区实际做好应急调度和运力保障,确保运输通道和客货运枢纽畅通。

国家发挥社会力量在应急运输保障中的积极作用。社会力量参与突发事件应急运输保障,应当服从突发事件应急指挥机构的统一指挥。

第四十八条 国家建立健全能源应急保障体系,提高能源安全保障能力,确保受突发事件影响地区的能源供应。

第四十九条 国家建立健全应急通信、应急广播保障体系,加强应急通信系统、应急广播系统建设,确保突发事件应对工作的通信、广播安全畅通。

第五十条 国家建立健全突发事件卫生应急体系,组织开展突发事件中的医疗救治、卫生学调查处置和心理援助等卫生应急工作,有效控制和消除危害。

第五十一条 县级以上人民政府应当加强急救医疗服务网络的建设,配备相应的医疗救治物资、设施设备和人员,提高医疗卫生机构应对各类突发事件的救治能力。

第五十二条 国家鼓励公民、法人和其他组织为突发事件应对工作提供物资、资金、技术支持和捐赠。

接受捐赠的单位应当及时公开接受捐赠的情况和受赠财产的使用、管理情况,接受社会监督。

第五十三条 红十字会在突发事件中,应当对伤病人员和其他受害者提供紧急救援和人道救助,并协助人民政府开展与其职责相关的其他人道主义服务活动。有关人民政府应当给予红十字会支持和资助,保障其依法参与应对突发事件。

慈善组织在发生重大突发事件时开展募捐和救助活动,应当在有关人民政府的统筹协调、有序引导下依法进行。有关人民政府应当通过提供必要的需求信息、政府购买服务等方式,对慈善组织参与应对突发事件、开展应急慈善活动予以支持。

第五十四条　有关单位应当加强应急救援资金、物资的管理,提高使用效率。

任何单位和个人不得截留、挪用、私分或者变相私分应急救援资金、物资。

第五十五条　国家发展保险事业,建立政府支持、社会力量参与、市场化运作的巨灾风险保险体系,并鼓励单位和个人参加保险。

第五十六条　国家加强应急管理基础科学、重点行业领域关键核心技术的研究,加强互联网、云计算、大数据、人工智能等现代技术手段在突发事件应对工作中的应用,鼓励、扶持有条件的教学科研机构、企业培养应急管理人才和科技人才,研发、推广新技术、新材料、新设备和新工具,提高突发事件应对能力。

第五十七条　县级以上人民政府及其有关部门应当建立健全突发事件专家咨询论证制度,发挥专业人员在突发事件应对工作中的作用。

第四章　监测与预警

第五十八条　国家建立健全突发事件监测制度。

县级以上人民政府及其有关部门应当根据自然灾害、事故灾难和公共卫生事件的种类和特点,建立健全基础信息数据库,完善监测网络,划分监测区域,确定监测点,明确监测项目,提供必要的设备、设施,配备专职或者兼职人员,对可能发生的突发事件进行监测。

第五十九条　国务院建立全国统一的突发事件信息系统。

县级以上地方人民政府应当建立或者确定本地区统一的突发事件信息系统,汇集、储存、分析、传输有关突发事件的信息,并与上级人民政府及其有关部门、下级人民政府及其有关部门、专业机构、监测网点和重点企业的突发事件信息系统实现互联互通,加强跨部门、跨地区的信息共享与情报合作。

第六十条　县级以上人民政府及其有关部门、专业机构应当通过多种途径收集突发事件信息。

县级人民政府应当在居民委员会、村民委员会和有关单位建立专职或者兼职信息报告员制度。

公民、法人或者其他组织发现发生突发事件,或者发现可能发生突发事件的异常情况,应当立即向所在地人民政府、有关主管部门或者指定的专业机构报告。接到报告的单位应当按照规定立即核实处理,对于不属于其职责的,应当立即移送相关单位核实处理。

第六十一条　地方各级人民政府应当按照国家有关规定向上级人民政府报送突发事件信息。县级以上人民政府有关主管部门应当向本级人民政府相关部门通报突发事件信息,并报告上级人民政府主管部门。专业机构、监测网点和信息报告员应当及时向所在地人民政府及其有关主管部门报告突发事件信息。

有关单位和人员报送、报告突发事件信息,应当做到及时、客观、真实,不得迟报、谎报、瞒报、漏报,不得授意他人迟报、谎报、瞒报,不得阻碍他人报告。

第六十二条　县级以上地方人民政府应当及时汇总分析突发事件隐患和监测信

息,必要时组织相关部门、专业技术人员、专家学者进行会商,对发生突发事件的可能性及其可能造成的影响进行评估;认为可能发生重大或者特别重大突发事件的,应当立即向上级人民政府报告,并向上级人民政府有关部门、当地驻军和可能受到危害的毗邻或者相关地区的人民政府通报,及时采取预防措施。

第六十三条 国家建立健全突发事件预警制度。

可以预警的自然灾害、事故灾难和公共卫生事件的预警级别,按照突发事件发生的紧急程度、发展势态和可能造成的危害程度分为一级、二级、三级和四级,分别用红色、橙色、黄色和蓝色标示,一级为最高级别。

预警级别的划分标准由国务院或者国务院确定的部门制定。

第六十四条 可以预警的自然灾害、事故灾难或者公共卫生事件即将发生或者发生的可能性增大时,县级以上地方人民政府应当根据有关法律、行政法规和国务院规定的权限和程序,发布相应级别的警报,决定并宣布有关地区进入预警期,同时向上一级人民政府报告,必要时可以越级上报;具备条件的,应当进行网络直报或者自动速报;同时向当地驻军和可能受到危害的毗邻或者相关地区的人民政府通报。

发布警报应当明确预警类别、级别、起始时间、可能影响的范围、警示事项、应当采取的措施、发布单位和发布时间等。

第六十五条 国家建立健全突发事件预警发布平台,按照有关规定及时、准确向社会发布突发事件预警信息。

广播、电视、报刊以及网络服务提供者、电信运营商应当按照国家有关规定,建立突发事件预警信息快速发布通道,及时、准确、无偿播发或者刊载突发事件预警信息。

公共场所和其他人员密集场所,应当指定专门人员负责突发事件预警信息接收和传播工作,做好相关设备、设施维护,确保突发事件预警信息及时、准确接收和传播。

第六十六条 发布三级、四级警报,宣布进入预警期后,县级以上地方人民政府应当根据即将发生的突发事件的特点和可能造成的危害,采取下列措施:

(一)启动应急预案;

(二)责令有关部门、专业机构、监测网点和负有特定职责的人员及时收集、报告有关信息,向社会公布反映突发事件信息的渠道,加强对突发事件发生、发展情况的监测、预报和预警工作;

(三)组织有关部门和机构、专业技术人员、有关专家学者,随时对突发事件信息进行分析评估,预测发生突发事件可能性的大小、影响范围和强度以及可能发生的突发事件的级别;

(四)定时向社会发布与公众有关的突发事件预测信息和分析评估结果,并对相关信息的报道工作进行管理;

(五)及时按照有关规定向社会发布可能受到突发事件危害的警告,宣传避免、减轻危害的常识,公布咨询或者求助电话等联络方式和渠道。

第六十七条 发布一级、二级警报,宣布进入预警期后,县级以上地方人民政府除采取本法第六十六条规定的措施外,还应当针对即将发生的突发事件的特点和可能造

成的危害,采取下列一项或者多项措施:

(一)责令应急救援队伍、负有特定职责的人员进入待命状态,并动员后备人员做好参加应急救援和处置工作的准备;

(二)调集应急救援所需物资、设备、工具,准备应急设施和应急避难、封闭隔离、紧急医疗救治等场所,并确保其处于良好状态、随时可以投入正常使用;

(三)加强对重点单位、重要部位和重要基础设施的安全保卫,维护社会治安秩序;

(四)采取必要措施,确保交通、通信、供水、排水、供电、供气、供热、医疗卫生、广播电视、气象等公共设施的安全和正常运行;

(五)及时向社会发布有关采取特定措施避免或者减轻危害的建议、劝告;

(六)转移、疏散或者撤离易受突发事件危害的人员并予以妥善安置,转移重要财产;

(七)关闭或者限制使用易受突发事件危害的场所,控制或者限制容易导致危害扩大的公共场所的活动;

(八)法律、法规、规章规定的其他必要的防范性、保护性措施。

第六十八条　发布警报,宣布进入预警期后,县级以上人民政府应当对重要商品和服务市场情况加强监测,根据实际需要及时保障供应、稳定市场。必要时,国务院和省、自治区、直辖市人民政府可以按照《中华人民共和国价格法》等有关法律规定采取相应措施。

第六十九条　对即将发生或者已经发生的社会安全事件,县级以上地方人民政府及其有关主管部门应当按照规定向上一级人民政府及其有关主管部门报告,必要时可以越级上报,具备条件的,应当进行网络直报或者自动速报。

第七十条　发布突发事件警报的人民政府应当根据事态的发展,按照有关规定适时调整预警级别并重新发布。

有事实证明不可能发生突发事件或者危险已经解除的,发布警报的人民政府应当立即宣布解除警报,终止预警期,并解除已经采取的有关措施。

第五章　应急处置与救援

第七十一条　国家建立健全突发事件应急响应制度。

突发事件的应急响应级别,按照突发事件的性质、特点、可能造成的危害程度和影响范围等因素分为一级、二级、三级和四级,一级为最高级别。

突发事件应急响应级别划分标准由国务院或者国务院确定的部门制定。县级以上人民政府及其有关部门应当在突发事件应急预案中确定应急响应级别。

第七十二条　突发事件发生后,履行统一领导职责或者组织处置突发事件的人民政府应当针对其性质、特点、危害程度和影响范围等,立即启动应急响应,组织有关部门,调动应急救援队伍和社会力量,依照法律、法规、规章和应急预案的规定,采取应急处置措施,并向上级人民政府报告;必要时,可以设立现场指挥部,负责现场应急处置与救援,统一指挥进入突发事件现场的单位和个人。

启动应急响应,应当明确响应事项、级别、预计期限、应急处置措施等。

履行统一领导职责或者组织处置突发事件的人民政府,应当建立协调机制,提供需求信息,引导志愿服务组织和志愿者等社会力量及时有序参与应急处置与救援工作。

第七十三条 自然灾害、事故灾难或者公共卫生事件发生后,履行统一领导职责的人民政府应当采取下列一项或者多项应急处置措施:

(一)组织营救和救治受害人员,转移、疏散、撤离并妥善安置受到威胁的人员以及采取其他救助措施;

(二)迅速控制危险源,标明危险区域,封锁危险场所,划定警戒区,实行交通管制、限制人员流动、封闭管理以及其他控制措施;

(三)立即抢修被损坏的交通、通信、供水、排水、供电、供气、供热、医疗卫生、广播电视、气象等公共设施,向受到危害的人员提供避难场所和生活必需品,实施医疗救护和卫生防疫以及其他保障措施;

(四)禁止或者限制使用有关设备、设施,关闭或者限制使用有关场所,中止人员密集的活动或者可能导致危害扩大的生产经营活动以及采取其他保护措施;

(五)启用本级人民政府设置的财政预备费和储备的应急救援物资,必要时调用其他急需物资、设备、设施、工具;

(六)组织公民、法人和其他组织参加应急救援和处置工作,要求具有特定专长的人员提供服务;

(七)保障食品、饮用水、药品、燃料等基本生活必需品的供应;

(八)依法从严惩处囤积居奇、哄抬价格、牟取暴利、制假售假等扰乱市场秩序的行为,维护市场秩序;

(九)依法从严惩处哄抢财物、干扰破坏应急处置工作等扰乱社会秩序的行为,维护社会治安;

(十)开展生态环境应急监测,保护集中式饮用水水源地等环境敏感目标,控制和处置污染物;

(十一)采取防止发生次生、衍生事件的必要措施。

第七十四条 社会安全事件发生后,组织处置工作的人民政府应当立即启动应急响应,组织有关部门针对事件的性质和特点,依照有关法律、行政法规和国家其他有关规定,采取下列一项或者多项应急处置措施:

(一)强制隔离使用器械相互对抗或者以暴力行为参与冲突的当事人,妥善解决现场纠纷和争端,控制事态发展;

(二)对特定区域内的建筑物、交通工具、设备、设施以及燃料、燃气、电力、水的供应进行控制;

(三)封锁有关场所、道路,查验现场人员的身份证件,限制有关公共场所内的活动;

(四)加强对易受冲击的核心机关和单位的警卫,在国家机关、军事机关、国家通讯社、广播电台、电视台、外国驻华使领馆等单位附近设置临时警戒线;

（五）法律、行政法规和国务院规定的其他必要措施。

第七十五条 发生突发事件，严重影响国民经济正常运行时，国务院或者国务院授权的有关主管部门可以采取保障、控制等必要的应急措施，保障人民群众的基本生活需要，最大限度地减轻突发事件的影响。

第七十六条 履行统一领导职责或者组织处置突发事件的人民政府及其有关部门，必要时可以向单位和个人征用应急救援所需设备、设施、场地、交通工具和其他物资，请求其他地方人民政府及其有关部门提供人力、物力、财力或者技术支援，要求生产、供应生活必需品和应急救援物资的企业组织生产、保证供给，要求提供医疗、交通等公共服务的组织提供相应的服务。

履行统一领导职责或者组织处置突发事件的人民政府和有关主管部门，应当组织协调运输经营单位，优先运送处置突发事件所需物资、设备、工具、应急救援人员和受到突发事件危害的人员。

履行统一领导职责或者组织处置突发事件的人民政府及其有关部门，应当为受突发事件影响无人照料的无民事行为能力人、限制民事行为能力人提供及时有效帮助；建立健全联系帮扶应急救援人员家庭制度，帮助解决实际困难。

第七十七条 突发事件发生地的居民委员会、村民委员会和其他组织应当按照当地人民政府的决定、命令，进行宣传动员，组织群众开展自救与互救，协助维护社会秩序；情况紧急的，应当立即组织群众开展自救与互救等先期处置工作。

第七十八条 受到自然灾害危害或者发生事故灾难、公共卫生事件的单位，应当立即组织本单位应急救援队伍和工作人员营救受害人员，疏散、撤离、安置受到威胁的人员，控制危险源，标明危险区域，封锁危险场所，并采取其他防止危害扩大的必要措施，同时向所在地县级人民政府报告；对因本单位的问题引发的或者主体是本单位人员的社会安全事件，有关单位应当按照规定上报情况，并迅速派出负责人赶赴现场开展劝解、疏导工作。

突发事件发生地的其他单位应当服从人民政府发布的决定、命令，配合人民政府采取的应急处置措施，做好本单位的应急救援工作，并积极组织人员参加所在地的应急救援和处置工作。

第七十九条 突发事件发生地的个人应当依法服从人民政府、居民委员会、村民委员会或者所属单位的指挥和安排，配合人民政府采取的应急处置措施，积极参加应急救援工作，协助维护社会秩序。

第八十条 国家支持城乡社区组织健全应急工作机制，强化城乡社区综合服务设施和信息平台应急功能，加强与突发事件信息系统数据共享，增强突发事件应急处置中保障群众基本生活和服务群众能力。

第八十一条 国家采取措施，加强心理健康服务体系和人才队伍建设，支持引导心理健康服务人员和社会工作者对受突发事件影响的各类人群开展心理健康教育、心理评估、心理疏导、心理危机干预、心理行为问题诊治等心理援助工作。

第八十二条 对于突发事件遇难人员的遗体，应当按照法律和国家有关规定，科学规范处置,加强卫生防疫,维护逝者尊严。对于逝者的遗物应当妥善保管。

第八十三条 县级以上人民政府及其有关部门根据突发事件应对工作需要,在履行法定职责所必需的范围和限度内,可以要求公民、法人和其他组织提供应急处置与救援需要的信息。公民、法人和其他组织应当予以提供,法律另有规定的除外。县级以上人民政府及其有关部门对获取的相关信息,应当严格保密,并依法保护公民的通信自由和通信秘密。

第八十四条 在突发事件应急处置中,有关单位和个人因依照本法规定配合突发事件应对工作或者履行相关义务,需要获取他人个人信息的,应当依照法律规定的程序和方式取得并确保信息安全,不得非法收集、使用、加工、传输他人个人信息,不得非法买卖、提供或者公开他人个人信息。

第八十五条 因依法履行突发事件应对工作职责或者义务获取的个人信息,只能用于突发事件应对,并在突发事件应对工作结束后予以销毁。确因依法作为证据使用或者调查评估需要留存或者延期销毁的,应当按照规定进行合法性、必要性、安全性评估,并采取相应保护和处理措施,严格依法使用。

第六章 事后恢复与重建

第八十六条 突发事件的威胁和危害得到控制或者消除后,履行统一领导职责或者组织处置突发事件的人民政府应当宣布解除应急响应,停止执行依照本法规定采取的应急处置措施,同时采取或者继续实施必要措施,防止发生自然灾害、事故灾难、公共卫生事件的次生、衍生事件或者重新引发社会安全事件,组织受影响地区尽快恢复社会秩序。

第八十七条 突发事件应急处置工作结束后,履行统一领导职责的人民政府应当立即组织对突发事件造成的影响和损失进行调查评估,制定恢复重建计划,并向上一级人民政府报告。

受突发事件影响地区的人民政府应当及时组织和协调应急管理、卫生健康、公安、交通、铁路、民航、邮政、电信、建设、生态环境、水利、能源、广播电视等有关部门恢复社会秩序,尽快修复被损坏的交通、通信、供水、排水、供电、供气、供热、医疗卫生、水利、广播电视等公共设施。

第八十八条 受突发事件影响地区的人民政府开展恢复重建工作需要上一级人民政府支持的,可以向上一级人民政府提出请求。上一级人民政府应当根据受影响地区遭受的损失和实际情况,提供资金、物资支持和技术指导,组织协调其他地区和有关方面提供资金、物资和人力支援。

第八十九条 国务院根据受突发事件影响地区遭受损失的情况,制定扶持该地区有关行业发展的优惠政策。

受突发事件影响地区的人民政府应当根据本地区遭受的损失和采取应急处置措施的情况,制定救助、补偿、抚慰、抚恤、安置等善后工作计划并组织实施,妥善解决因处置突发事件引发的矛盾纠纷。

第九十条　公民参加应急救援工作或者协助维护社会秩序期间,其所在单位应当保证其工资待遇和福利不变,并可以按照规定给予相应补助。

第九十一条　县级以上人民政府对在应急救援工作中伤亡的人员依法落实工伤待遇、抚恤或者其他保障政策,并组织做好应急救援工作中致病人员的医疗救治工作。

第九十二条　履行统一领导职责的人民政府在突发事件应对工作结束后,应当及时查明突发事件的发生经过和原因,总结突发事件应急处置工作的经验教训,制定改进措施,并向上一级人民政府提出报告。

第九十三条　突发事件应对工作中有关资金、物资的筹集、管理、分配、拨付和使用等情况,应当依法接受审计机关的审计监督。

第九十四条　国家档案主管部门应当建立健全突发事件应对工作相关档案收集、整理、保护、利用工作机制。突发事件应对工作中形成的材料,应当按照国家规定归档,并向相关档案馆移交。

第七章　法律责任

第九十五条　地方各级人民政府和县级以上人民政府有关部门违反本法规定,不履行或者不正确履行法定职责的,由其上级行政机关责令改正;有下列情形之一,由有关机关综合考虑突发事件发生的原因、后果、应对处置情况、行为人过错等因素,对负有责任的领导人员和直接责任人员依法给予处分:

(一)未按照规定采取预防措施,导致发生突发事件,或者未采取必要的防范措施,导致发生次生、衍生事件的;

(二)迟报、谎报、瞒报、漏报或者授意他人迟报、谎报、瞒报以及阻碍他人报告有关突发事件的信息,或者通报、报送、公布虚假信息,造成后果的;

(三)未按照规定及时发布突发事件警报、采取预警期的措施,导致损害发生的;

(四)未按照规定及时采取措施处置突发事件或者处置不当,造成后果的;

(五)违反法律规定采取应对措施,侵犯公民生命健康权益的;

(六)不服从上级人民政府对突发事件应急处置工作的统一领导、指挥和协调的;

(七)未及时组织开展生产自救、恢复重建等善后工作的;

(八)截留、挪用、私分或者变相私分应急救援资金、物资的;

(九)不及时归还征用的单位和个人的财产,或者对被征用财产的单位和个人不按照规定给予补偿的。

第九十六条　有关单位有下列情形之一,由所在地履行统一领导职责的人民政府有关部门责令停产停业,暂扣或者吊销许可证件,并处五万元以上二十万元以下的罚款;情节特别严重的,并处二十万元以上一百万元以下的罚款:

(一)未按照规定采取预防措施,导致发生较大以上突发事件的;

(二)未及时消除已发现的可能引发突发事件的隐患,导致发生较大以上突发事件的;

(三)未做好应急物资储备和应急设备、设施日常维护、检测工作,导致发生较大以

上突发事件或者突发事件危害扩大的;

(四)突发事件发生后,不及时组织开展应急救援工作,造成严重后果的。

其他法律对前款行为规定了处罚的,依照较重的规定处罚。

第九十七条 违反本法规定,编造并传播有关突发事件的虚假信息,或者明知是有关突发事件的虚假信息而进行传播的,责令改正,给予警告;造成严重后果的,依法暂停其业务活动或者吊销其许可证;负有直接责任的人员是公职人员的,还应当依法给予处分。

第九十八条 单位或者个人违反本法规定,不服从所在地人民政府及其有关部门依法发布的决定、命令或者不配合其依法采取的措施的,责令改正;造成严重后果的,依法给予行政处罚;负有直接责任的人员是公职人员的,还应当依法给予处分。

第九十九条 单位或者个人违反本法第八十四条、第八十五条关于个人信息保护规定的,由主管部门依照有关法律规定给予处罚。

第一百条 单位或者个人违反本法规定,导致突发事件发生或者危害扩大,造成人身、财产或者其他损害的,应当依法承担民事责任。

第一百零一条 为了使本人或者他人的人身、财产免受正在发生的危险而采取避险措施的,依照《中华人民共和国民法典》《中华人民共和国刑法》等法律关于紧急避险的规定处理。

第一百零二条 违反本法规定,构成违反治安管理行为的,依法给予治安管理处罚;构成犯罪的,依法追究刑事责任。

第八章 附 则

第一百零三条 发生特别重大突发事件,对人民生命财产安全、国家安全、公共安全、生态环境安全或者社会秩序构成重大威胁,采取本法和其他有关法律、法规、规章规定的应急处置措施不能消除或者有效控制、减轻其严重社会危害,需要进入紧急状态的,由全国人民代表大会常务委员会或者国务院依照宪法和其他有关法律规定的权限和程序决定。

紧急状态期间采取的非常措施,依照有关法律规定执行或者由全国人民代表大会常务委员会另行规定。

第一百零四条 中华人民共和国领域外发生突发事件,造成或者可能造成中华人民共和国公民、法人和其他组织人身伤亡、财产损失的,由国务院外交部门会同国务院其他有关部门、有关地方人民政府,按照国家有关规定做好应对工作。

第一百零五条 在中华人民共和国境内的外国人、无国籍人应当遵守本法,服从所在地人民政府及其有关部门依法发布的决定、命令,并配合其依法采取的措施。

第一百零六条 本法自 2024 年 11 月 1 日起施行。

三、中央企业安全生产监督管理办法

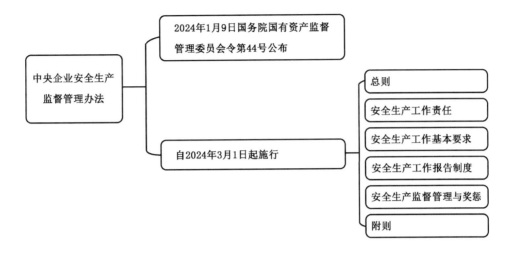

目　　录

第一章　总　　则

第一条　为深入贯彻习近平总书记关于安全生产重要论述，落实党中央、国务院有关决策部署，坚持人民至上、生命至上，把保护人民生命安全摆在首位，树牢安全发展理念，坚持安全第一、预防为主、综合治理的方针，从源头上防范化解重大安全风险，践行总体国家安全观，切实履行国有资产出资人安全生产监管职责，督促中央企业全面落实安全生产主体责任，建立安全生产长效机制，防止和减少生产安全事故，保障中央企业员工和人民群众生命财产安全，制定本办法。

第二条　本办法主要依据《中华人民共和国安全生产法》等法律法规和《中共中央国务院关于推进安全生产领域改革发展的意见》等文件有关规定。

第三条　本办法所称中央企业，是指国务院国有资产监督管理委员会（以下简称国务院国资委）根据国务院授权履行出资人职责的企业。

第四条　中央企业应当依法接受国务院应急管理部门和所在地省（区、市）、市（地）人民政府应急管理部门以及有关行业、领域安全生产监督管理部门的监督管理。国务院国资委按照国有资产出资人的职责，对中央企业的安全生产工作履行以下职责：

（一）负责指导督促中央企业贯彻落实国家安全生产方针政策及有关法律法规、标准等。

（二）督促中央企业主要负责人落实安全生产第一责任人的责任和企业全员安全生产责任制，做好对企业负责人履行安全生产职责的业绩考核。

（三）依照有关规定，参与或者组织开展中央企业安全生产检查、督查，督促企业落实各项安全防范和隐患治理措施。

（四）参与中央企业特别重大事故的调查，负责落实事故责任追究的有关规定。

（五）督促中央企业做好统筹规划，把安全生产纳入中长期发展规划，保障员工健康与安全，切实履行社会责任。

国务院国资委成立由主要负责同志担任主任的安全生产委员会，作为国务院国资委议事协调机构，按照出资人职责定位研究部署、统筹协调和督促指导中央企业安全生产工作。

第五条 国务院国资委对中央企业安全生产实行分类监督管理。中央企业依据国务院国资委核定的主营业务和安全生产的风险程度分为三类：

第一类：主业从事煤炭及非煤矿山开采、建筑施工、危险物品的生产经营储运使用、交通运输、冶金、机械、电力、建材、仓储等企业。

第二类：主业从事电子、医药（化学制药除外）、纺织、旅游、通信等企业。

第三类：除上述第一、二类企业以外的企业。

企业分类实行动态管理，可以根据主营业务内容变化及企业申请进行调整。

第二章 安全生产工作责任

第六条 中央企业是安全生产的责任主体，安全生产工作坚持中国共产党的领导，必须贯彻落实国家安全生产方针政策及有关法律法规、标准，按照"管行业必须管安全、管业务必须管安全、管生产经营必须管安全"的原则，逐级建立健全全员安全生产责任制。

第七条 中央企业应当按照以下规定建立以企业主要负责人为核心的安全生产领导负责制，中央企业董事长、总经理同为本企业安全生产第一责任人，对企业安全生产工作全面负责，其他领导班子成员对分管范围内的安全生产工作负责。

（一）中央企业主要负责人应当全面履行《中华人民共和国安全生产法》规定的以下职责：

1. 建立健全并落实本企业全员安全生产责任制，加强安全生产标准化建设；
2. 组织制定并实施本企业安全生产规章制度和操作规程；
3. 组织制定并实施本企业安全生产教育和培训计划；
4. 保证本企业安全生产投入的有效实施；
5. 组织建立并落实安全风险分级管控和隐患排查治理双重预防工作机制，督促、检查本企业的安全生产工作，及时消除生产安全事故隐患；
6. 组织制定并实施本企业的生产安全事故应急救援预案；
7. 及时、如实报告生产安全事故。

（二）中央企业分管生产的负责人统筹组织生产过程中各项安全生产制度和措施的落实,改善安全生产条件,对企业安全生产工作负直接领导责任。

（三）中央企业可明确1名负责人协助主要负责人分管安全生产工作。分管安全生产工作的负责人协助主要负责人落实各项安全生产法律法规、标准,统筹协调和综合监督管理企业的安全生产工作,对企业安全生产工作负综合监管领导责任。

（四）中央企业其他负责人应当按照分工抓好分管范围内的安全生产工作,对分管范围内的安全生产工作负直接领导责任。

第八条　第一类中央企业、涉矿中央企业集团总部应配备专职安全生产总监,所属安全风险高的企业应全面推行专职安全生产总监制度。第二、三类中央企业所属安全风险较高的企业应参照配备专职安全生产总监。安全生产总监应当履行以下职责,并对职责或授权范围内的事项承担相应责任:

（一）协助主要负责人落实企业安全生产责任,配合分管负责人开展企业安全生产监督管理工作。

（二）负责企业安全生产监督管理工作的总体策划,参与企业涉及安全生产的重大决策并提出安全生产监督管理意见。

（三）负责建立企业内部安全生产监督体系并确保正常运转,领导安全生产监督管理部门开展工作。

（四）负责监督集团总部各部门、所属各企业全员安全生产责任制落实情况。

（五）组织开展企业内部安全生产监督检查,监督企业内部重大事故隐患整改。

（六）协助做好事故报告、应急处置等有关工作,组织开展事故内部调查处理。

（七）其他应当依法履行的职责。

第九条　中央企业必须建立健全安全生产的组织机构,包括:

（一）安全生产工作的领导机构——安全生产委员会（以下简称安委会）,负责统一领导本企业的安全生产工作,研究决策企业安全生产的重大问题。安委会主任应当由企业安全生产第一责任人担任。安委会应当建立工作制度和例会制度。

（二）与企业生产经营相适应的安全生产监督管理机构。

第一类企业应当设置负责安全生产监督管理工作的独立职能部门。

第二类企业应当在有关职能部门中设置负责安全生产监督管理工作的内部专业机构;安全生产任务较重的企业应当设置负责安全生产监督管理工作的独立职能部门。

第三类企业应当明确有关职能部门负责安全生产监督管理工作,配备专职安全生产监督管理人员;安全生产任务较重的企业应当在有关职能部门中设置负责安全生产监督管理工作的内部专业机构。

安全生产监督管理职能部门或者负责安全生产监督管理工作的职能部门是企业安全生产工作的综合监督管理部门,对其他职能部门的安全生产管理工作进行综合协调和监督。企业作出涉及安全生产的经营决策,应当听取安全生产监督管理机构及安全生产管理人员的意见。

第十条　中央企业应当按照"谁主管谁负责"原则,明确各职能部门的具体安全生产管理职责;各职能部门应当将安全生产管理职责分解到相应岗位,实行"一岗双责"。安全生产综合监督管理部门要发挥统筹、协调、指导和监督作用,加强考核巡查,督促各职能部门安全生产责任落实。

第十一条 中央企业专职安全生产监督管理人员的任职资格和配备数量,应当符合国家和行业的有关规定;国家和行业没有明确规定的,中央企业应当根据本企业的生产经营内容和性质、管理范围、管理跨度等配备专职安全生产监督管理人员。

中央企业应当加强安全队伍建设,提高人员素质,鼓励和支持安全生产监督管理人员取得注册安全工程师资质以及本领域内相关安全资质。安全生产监督管理人员应当以注册安全工程师为主体。

第十二条 中央企业工会依法对本企业安全生产与劳动保护进行民主监督,依法维护员工合法权益,有权对建设项目的安全设施与主体工程同时设计、同时施工、同时投入生产和使用情况进行监督,提出意见。

第十三条 中央企业应当对其独资及控股子企业(包括境外子企业)的安全生产履行以下监督管理责任:

(一)监督管理独资及控股子企业安全生产条件具备情况;安全生产监督管理组织机构设置情况;安全生产标准化建设情况;全员安全生产责任制、安全生产各项规章制度建立情况;安全生产投入、安全风险分级管控和隐患排查治理双重预防工作机制建立以及运行情况;安全生产应急管理情况;及时、如实报告生产安全事故。

第一类中央企业可以向其列为安全生产重点的独资及控股子企业委派专职安全生产总监,加强对子企业安全生产的监督。

(二)将独资及控股子企业纳入中央企业安全生产管理体系,严格安全生产的检查、考核、奖惩和责任追究。

对参股并负有管理职责的企业,中央企业应当按照有关法律法规的规定与参股企业签订安全生产管理协议书,明确安全生产管理责任。

中央企业委托机构提供安全生产技术、管理服务的,保证安全生产的责任仍由本企业负责。

中央企业各级子企业应当按照以上规定逐级建立健全全员安全生产责任制,逐级加强安全生产工作的监督管理。

第三章 安全生产工作基本要求

第十四条 中央企业应当牢固树立"零事故、零伤亡"理念,加强安全生产源头治理,坚持标本兼治、重在治本,坚持关口前移,制定中长期安全生产发展规划,并将其纳入企业总体发展战略规划,实现企业安全生产与改革发展同研究、同部署、同落实。

第十五条 中央企业应当建立健全安全生产管理体系,积极学习借鉴和推行应用国内外先进的安全生产管理方式方法等,与企业具体实际和企业优秀文化相结合,实现安全生产管理的系统化、规范化、标准化、科学化、现代化。

中央企业安全生产管理体系应当包括组织体系、制度体系、责任体系、风险控制体系、教育培训体系、专家支撑体系、监督保证体系等。

中央企业应当加强安全生产管理体系的运行控制,强化岗位培训、过程督查、总结反馈、持续改进等管理过程,确保体系的有效运行。

第十六条 中央企业应当结合行业特点和企业实际,建立健全职业健康管理体系,消除或者减少员工的职业健康安全风险,保障员工职业健康。

第十七条 中央企业应当建立健全企业安全生产应急管理体系,包括预案体系、组织体系、运行机制、支持保障体系等。加强应急预案的编制、评审、培训、演练、修订和应急救援队伍的建设工作,落实应急物资与装备,提高企业有效应对各类生产安全事故灾难的应急管理能力。

第十八条 中央企业应当定期开展危害辨识和风险评估。进一步完善全员参与、全过程管控的安全生产风险管控体系。建立系统、全面的辨识机制,运用科学、有效的风险评估方法,提升安全风险预判预防能力。健全安全风险分级管控制度和风险防范化解机制,按安全风险分级采取相应的管控措施,动态管理。制定重大危险源的监控措施和管理方案,全面落实重大危险源安全包保责任制,确保重大危险源始终处于受控状态。

第十九条 中央企业应当建立健全并落实生产安全事故隐患排查治理制度,采取技术、管理措施,及时发现并消除事故隐患,不得在隐患未排除、安全措施不到位的情况下组织生产。事故隐患排查治理情况应当如实记录,并通过职工代表大会或者职工大会、信息公开栏等方式向从业人员通报。其中重大事故隐患排查治理情况应当依法报告。对排查出的隐患要落实治理经费和责任人,按时完成整改。

第二十条 中央企业应当科学合理安排生产经营活动,不得超能力、超强度、超定员组织生产,不得违反程序擅自压缩工期、改变技术方案和工艺流程。

中央企业应当严格遵守新建、改建、扩建工程项目安全设施与主体工程同时设计、同时施工、同时投入生产和使用的有关规定。

第二十一条 中央企业应当保证具备安全生产条件所必需的资金投入,不得在安全生产条件不具备的情况下组织生产。有关中央企业应当建立健全安全生产费用管理制度,明确企业安全生产费用提取和使用的程序、职责及权限,严格按照国家和行业的有关规定,足额提取和使用企业安全生产费用。应当编制年度安全生产费用提取和使用计划,纳入企业财务预算,提取的安全生产费用从成本(费用)中列支并专项核算。中央企业集团总部可以对其独资及控股子企业提取的安全生产费用按照一定比例集中管理,统筹使用。国家和行业没有明确规定安全生产费用提取比例的中央企业,应当根据企业实际和可持续发展的需要,从成本(费用)中列支,保证达到应当具备的安全生产条件所需的资金投入。中央企业安全生产费用提取使用情况或者资金投入情况与中央企业安全生产年度自评报告同时报送国务院国资委。

第二十二条 中央企业应当建立健全安全生产教育培训制度,分层级开展安全生产教育培训,未经教育培训并考试合格的人员不得上岗作业;严格执行企业主要负责人、安全生产管理人员、特种作业人员的持证上岗制度和培训考核制度。不具备相应资格的人员不得从事特种作业。

第二十三条　中央企业必须依法参加工伤保险，为从业人员缴纳保险费。鼓励中央企业投保安全生产责任保险；属于国家规定的高危行业、领域的企业，应当投保安全生产责任保险。

第二十四条　中央企业应当大力推进"科技兴安"战略，用科技创新赋能安全生产，提升企业本质安全水平。支持安全生产科学技术研究和安全生产先进技术的推广应用。加快推进高风险企业老旧设施升级改造，推进工业机器人、智能装备在危险工序和环节广泛应用。积极应用现代信息技术和手段，提升安全生产管理信息化水平。

第二十五条　中央企业采用新工艺、新技术、新材料或者使用新设备，必须了解、掌握其安全技术特性，采取有效的安全防护措施，并对从业人员进行专门的安全生产教育和培训。中央企业不得使用应当淘汰的危及生产安全的工艺，禁止使用未经检验合格、无安全保障的特种设备。

第二十六条　中央企业应当坚持监督管理和指导服务并重，结合工作实际，建强安全生产专业支撑团队，建立安全生产专家库，为所属企业安全生产日常管理提供指导服务和技术支持。应当以安全生产专家为主体，建立常态化安全生产明查暗访制度，提高检查的针对性和有效性。

第二十七条　中央企业应当建立安全生产考核和奖惩机制。按年度签订覆盖各层级各部门的安全生产责任书，确保横向到边、纵向到底；明确安全生产职责和年度安全生产重点工作目标任务；开展责任书交底，并进行过程指导、督促，年终对职责履行情况、目标任务完成情况等进行考核，保证全员安全生产责任制的落实。在作业过程中，各级人员不得违章指挥、违章作业、违反劳动纪律。严肃查处每起责任事故，严格追究事故责任人的责任。完善安全生产正向激励机制，加大安全生产奖励力度。安全生产风险较高的企业应当建立过程考核和事故考核相结合的安全生产考核体系。

第二十八条　中央企业应当建立健全生产安全事故新闻发布制度和媒体应对工作机制，及时、主动、准确、客观地向新闻媒体公布事故的有关情况。

第二十九条　中央企业应当关注员工身体、心理状况，规范员工行为习惯，加强对从业人员的心理疏导、精神慰藉，防范员工行为异常导致事故发生。

第三十条　中央企业应当发挥安全生产工作示范带头作用，企业制定和执行的安全生产管理规章制度、标准等应当不低于国家和行业要求。企业年度安全生产相对指标应达到国内同行业最好水平或者达到国际先进水平。

第三十一条　中央企业应当加强并购重组企业安全管理，并购重组前要结合业务类型开展相应安全生产尽职调查，并购重组后要加强安全监管，统一纳入企业安全管理体系，确保人员调整及时到位，企业文化尽快融合，管理制度无缝衔接。

第三十二条　中央企业应当加强承包商安全管理，严格准入资质管理，把承包商和劳务派遣人员统一纳入企业安全管理体系。禁止使用不具备国家规定资质和安全生产保障能力的承包商和分包商。

第三十三条　中央企业应当加强境外单位安全生产的统筹管理，制定境外发展规划时同步考虑安全生产,将境外单位统一纳入企业安全生产管理体系,不定期开展安全生产监督检查。督促境外单位切实履行安全生产主体责任,强化应急管理工作。境外中央企业除执行本办法外,还应严格遵守所在地的安全生产法律法规。

第四章　安全生产工作报告制度

第三十四条　中央企业发生生产安全事故或者因生产安全事故引发突发事件后,按规定上报有关部门的同时,应当按以下要求报告国务院国资委:

(一)境内发生较大及以上生产安全事故、影响较大的一般生产安全事故,中央企业应当第一时间报告。事故现场负责人应当立即向本单位负责人报告,单位负责人接到报告后,应当于1小时内向上一级单位负责人报告;以后逐级报告至国务院国资委,且每级时间间隔不得超过1小时。

(二)境内由于生产安全事故引发的特别重大、重大突发公共事件,中央企业接到报告后应当立即向国务院国资委报告。

(三)境外发生生产安全死亡事故、未造成人员伤亡但影响较大的事故,事故现场负责人应当第一时间报告。中央企业接到报告后应当立即向国务院国资委报告。

(四)在中央企业管理的区域内发生生产安全事故,中央企业作为业主、总承包商、分包商等相关方时应当按本条第(一)款规定报告。

(五)发生造成重大影响的火灾、爆炸等其他事件,应当按本条第(一)款规定报告。

不得迟报、漏报、谎报、瞒报生产安全事故。

第三十五条　中央企业应当将政府有关部门对较大事故、重大事故的事故调查报告及批复及时向国务院国资委报告,并将责任追究落实情况报告国务院国资委。

第三十六条　中央企业应当于每年1月底前将上一年度的单位增加值生产安全责任事故率情况报送国务院国资委,报送内容含年度单位增加值情况、生产安全事故起数及死亡人数情况等。

第三十七条　中央企业应当将安全生产工作领导机构及安全生产监督管理机构的名称、组成人员、职责、工作制度及联系方式向国务院国资委报告,并及时报送变动情况。

第三十八条　中央企业应当将安全生产应急预案及修订情况及时报送国务院国资委。

第三十九条　中央企业应当将安全生产方面的重要活动、重要会议、重大举措和成果、重大问题等重要信息和重要事项,及时报告国务院国资委。

第五章　安全生产监督管理与奖惩

第四十条　国务院国资委对发生重大及以上生产安全事故、半年内发生3起及以上较大生产安全事故、1个月内发生2起及以上较大生产安全事故的中央企业进行通报,并对其负责人进行约谈。国务院国资委参与中央企业特别重大生产安全事故的调查,并根据事故调查报告及国务院批复负责落实或者监督对事故有关责任单位和责任人的处理。

第四十一条 国务院国资委组织开展中央企业安全生产督查,督促中央企业落实安全生产有关规定和改进安全生产工作。中央企业违反本办法有关安全生产监督管理规定的,国务院国资委根据情节轻重要求其改正或者予以通报批评。

第四十二条 国务院国资委配合有关部门对中央企业安全生产违法行为的举报进行调查,或者责成有关单位进行调查,依照干部管理权限对有关责任人予以处理。中央企业应当引导员工积极参与安全管理工作,鼓励员工主动发现事故隐患,对报告重大事故隐患或者举报安全生产违法行为的有功人员,给予奖励,奖励支出从安全生产费用中列支。

第四十三条 国务院国资委建立事故分析、安全风险提示等工作机制,引导中央企业深入剖析事故原因,共同吸取事故教训。中央企业应当建立事故管理制度,深刻吸取企业内部及同行业、领域的事故教训,开展重轻伤事故、未遂事故统计分析工作,制定针对性的防范措施。

第四十四条 国务院国资委根据中央企业考核期内发生的生产安全责任事故认定情况,对中央企业负责人经营业绩考核结果进行降级或者扣分。

其中,企业考核年度内发生下列情况之一的,对其负责人年度经营业绩考核结果予以降级,降至下一考核级别。

(一)第一类企业。发生重大及以上生产安全责任事故且承担主要责任的;发生特别重大生产安全责任事故且承担次要责任的。

(二)第二类企业。发生重大及以上生产安全责任事故且承担主要责任或次要责任的。

(三)第三类企业。发生重大及以上生产安全责任事故且承担责任的。

(四)存在瞒报生产安全事故行为的。

(五)企业发生承担主要责任的较大生产安全责任事故起数累计达到降级规定的。

考核任期内发生2起及以上瞒报事故或者1起及以上特别重大生产安全责任事故且承担主要责任的企业,对其负责人任期经营业绩考核结果予以降级,降至下一考核级别。

发生较大及以上生产安全责任事故达不到降级标准的,按照《中央企业安全生产考核实施细则》有关规定予以扣分考核。

本办法所称责任事故,是指依据政府事故调查报告及批复对事故性质的认定,中央企业或者其独资及控股子企业对事故发生负有责任的生产安全事故。

第四十五条 国务院国资委组织中央企业开展安全生产管理评价,督促指导中央企业加强过程管控。中央企业应当每年度对本企业安全生产管理状况开展自评,形成自评报告。国务院国资委根据中央企业日常安全管理工作开展情况、自评情况等,对中央企业安全生产管理进行综合评价,评价结果在中央企业范围内通报,评价结果为优秀的企业,在中央企业负责人年度经营业绩考核中予以加分。

第四十六条　对未严格按照国家和行业有关规定足额提取安全生产费用的中央企业,国务院国资委从企业负责人业绩考核的业绩利润中予以扣减。

第四十七条　授权董事会对经理层人员进行经营业绩考核的中央企业,董事会应当将安全生产工作纳入经理层人员年度经营业绩考核,与绩效薪金挂钩,并比照本办法的安全生产业绩考核规定执行。

董事会对经理层的安全生产业绩考核情况纳入国务院国资委对董事会的考核评价内容。对董事会未有效履行监督、考核安全生产职能,企业发生特别重大责任事故并造成严重社会影响的,国务院国资委经综合分析研判,按照管理权限对董事会有关成员进行组织调整。

第四十八条　中央企业负责人年度经营业绩考核中因安全生产问题受到降级处理的,取消其参加该考核年度国务院国资委组织或者参与组织的评优、评先活动资格。

第六章　附　　则

第四十九条　生产安全事故等级划分按《生产安全事故报告和调查处理条例》的规定执行。国务院对特殊行业另有规定的,从其规定。

突发公共事件等级划分按《特别重大、重大突发公共事件分级标准》中安全事故类的有关规定执行。

第五十条　本办法由国务院国资委负责解释。

第五十一条　本办法自 2024 年 3 月 1 日起施行,《中央企业安全生产监督管理暂行办法》(国务院国资委令第 21 号)、《中央企业安全生产禁令》(国务院国资委令第 24 号)同时废止。

四、突发事件应急预案管理办法

目　　录

第一章　总　　则

第一条　为加强突发事件应急预案（以下简称应急预案）体系建设，规范应急预案管理，增强应急预案的针对性、实用性和可操作性，依据《中华人民共和国突发事件应对法》等法律、行政法规，制定本办法。

第二条　本办法所称应急预案，是指各级人民政府及其部门、基层组织、企事业单位和社会组织等为依法、迅速、科学、有序应对突发事件，最大程度减少突发事件及其造成的损害而预先制定的方案。

第三条　应急预案的规划、编制、审批、发布、备案、培训、宣传、演练、评估、修订等工作，适用本办法。

第四条　应急预案管理遵循统一规划、综合协调、分类指导、分级负责、动态管理的原则。

第五条　国务院统一领导全国应急预案体系建设和管理工作，县级以上地方人民政府负责领导本行政区域内应急预案体系建设和管理工作。

突发事件应对有关部门在各自职责范围内，负责本部门（行业、领域）应急预案管理工作；县级以上人民政府应急管理部门负责指导应急预案管理工作，综合协调应急预案衔接工作。

第六条　国务院应急管理部门统筹协调各地区各部门应急预案数据库管理，推动实现应急预案数据共享共用。各地区各部门负责本行政区域、本部门（行业、领域）应急预案数据管理。

县级以上人民政府及其有关部门要注重运用信息化数字化智能化技术，推进应急预案管理理念、模式、手段、方法等创新，充分发挥应急预案牵引应急准备、指导处置救援的作用。

第二章　分类与内容

第七条　按照制定主体划分，应急预案分为政府及其部门应急预案、单位和基层组织应急预案两大类。

政府及其部门应急预案包括总体应急预案、专项应急预案、部门应急预案等。

单位和基层组织应急预案包括企事业单位、村民委员会、居民委员会、社会组织等编制的应急预案。

第八条 总体应急预案是人民政府组织应对突发事件的总体制度安排。

总体应急预案围绕突发事件事前、事中、事后全过程，主要明确应对工作的总体要求、事件分类分级、预案体系构成、组织指挥体系与职责，以及风险防控、监测预警、处置救援、应急保障、恢复重建、预案管理等内容。

第九条 专项应急预案是人民政府为应对某一类型或某几种类型突发事件，或者针对重要目标保护、重大活动保障、应急保障等重要专项工作而预先制定的涉及多个部门职责的方案。

部门应急预案是人民政府有关部门根据总体应急预案、专项应急预案和部门职责，为应对本部门（行业、领域）突发事件，或者针对重要目标保护、重大活动保障、应急保障等涉及部门工作而预先制定的方案。

第十条 针对突发事件应对的专项和部门应急预案，主要规定县级以上人民政府或有关部门相关突发事件应对工作的组织指挥体系和专项工作安排，不同层级预案内容各有侧重，涉及相邻或相关地方人民政府、部门、单位任务的应当沟通一致后明确。

国家层面专项和部门应急预案侧重明确突发事件的应对原则、组织指挥机制、预警分级和事件分级标准、响应分级、信息报告要求、应急保障措施等，重点规范国家层面应对行动，同时体现政策性和指导性。

省级专项和部门应急预案侧重明确突发事件的组织指挥机制、监测预警、分级响应及响应行动、队伍物资保障及市县级人民政府职责等，重点规范省级层面应对行动，同时体现指导性和实用性。

市县级专项和部门应急预案侧重明确突发事件的组织指挥机制、风险管控、监测预警、信息报告、组织自救互救、应急处置措施、现场管控、队伍物资保障等内容，重点规范市（地）级和县级层面应对行动，落实相关任务，细化工作流程，体现应急处置的主体职责和针对性、可操作性。

第十一条 为突发事件应对工作提供通信、交通运输、医学救援、物资装备、能源、资金以及新闻宣传、秩序维护、慈善捐赠、灾害救助等保障功能的专项和部门应急预案侧重明确组织指挥机制、主要任务、资源布局、资源调用或应急响应程序、具体措施等内容。

针对重要基础设施、生命线工程等重要目标保护的专项和部门应急预案，侧重明确关键功能和部位、风险隐患及防范措施、监测预警、信息报告、应急处置和紧急恢复、应急联动等内容。

第十二条 重大活动主办或承办机构应当结合实际情况组织编制重大活动保障应急预案，侧重明确组织指挥体系、主要任务、安全风险及防范措施、应急联动、监测预警、信息报告、应急处置、人员疏散撤离组织和路线等内容。

第十三条　相邻或相关地方人民政府及其有关部门可以联合制定应对区域性、流域性突发事件的联合应急预案,侧重明确地方人民政府及其部门间信息通报、组织指挥体系对接、处置措施衔接、应急资源保障等内容。

第十四条　国家有关部门和超大特大城市人民政府可以结合行业(地区)风险评估实际,制定巨灾应急预案,统筹本部门(行业、领域)、本地区巨灾应对工作。

第十五条　乡镇(街道)应急预案重点规范乡镇(街道)层面应对行动,侧重明确突发事件的预警信息传播、任务分工、处置措施、信息收集报告、现场管理、人员疏散与安置等内容。

村(社区)应急预案侧重明确风险点位、应急响应责任人、预警信息传播与响应、人员转移避险、应急处置措施、应急资源调用等内容。

乡镇(街道)、村(社区)应急预案的形式、要素和内容等,可结合实际灵活确定,力求简明实用,突出人员转移避险,体现先期处置特点。

第十六条　单位应急预案侧重明确应急响应责任人、风险隐患监测、主要任务、信息报告、预警和应急响应、应急处置措施、人员疏散转移、应急资源调用等内容。

大型企业集团可根据相关标准规范和实际工作需要,建立本集团应急预案体系。

安全风险单一、危险性小的生产经营单位,可结合实际简化应急预案要素和内容。

第十七条　应急预案涉及的有关部门、单位等可以结合实际编制应急工作手册,内容一般包括应急响应措施、处置工作程序、应急救援队伍、物资装备、联络人员和电话等。

应急救援队伍、保障力量等应当结合实际情况,针对需要参与突发事件应对的具体任务编制行动方案,侧重明确应急响应、指挥协同、力量编成、行动设想、综合保障、其他有关措施等具体内容。

第三章　规划与编制

第十八条　国务院应急管理部门会同有关部门编制应急预案制修订工作计划,报国务院批准后实施。县级以上地方人民政府应急管理部门应当会同有关部门,针对本行政区域多发易发突发事件、主要风险等,编制本行政区域应急预案制修订工作计划,报本级人民政府批准后实施,并抄送上一级人民政府应急管理部门。

县级以上人民政府有关部门可以结合实际制定本部门(行业、领域)应急预案编制计划,并抄送同级应急管理部门。县级以上地方人民政府有关部门应急预案编制计划同时抄送上一级相应部门。

应急预案编制计划应当根据国民经济和社会发展规划、突发事件应对工作实际,适时予以调整。

第十九条　县级以上人民政府总体应急预案由本级人民政府应急管理部门组织编制,专项应急预案由本级人民政府相关类别突发事件应对牵头部门组织编制。县级以上人民政府部门应急预案,乡级人民政府、单位和基层组织等应急预案由有关制定单位组织编制。

第二十条 应急预案编制部门和单位根据需要组成应急预案编制工作小组,吸收有关部门和单位人员、有关专家及有应急处置工作经验的人员参加。编制工作小组组长由应急预案编制部门或单位有关负责人担任。

第二十一条 编制应急预案应当依据有关法律、法规、规章和标准,紧密结合实际,在开展风险评估、资源调查、案例分析的基础上进行。

风险评估主要是识别突发事件风险及其可能产生的后果和次生(衍生)灾害事件,评估可能造成的危害程度和影响范围等。

资源调查主要是全面调查本地区、本单位应对突发事件可用的应急救援队伍、物资装备、场所和通过改造可以利用的应急资源状况,合作区域内可以请求援助的应急资源状况,重要基础设施容灾保障及备用状况,以及可以通过潜力转换提供应急资源的状况,为制定应急响应措施提供依据。必要时,也可根据突发事件应对需要,对本地区相关单位和居民所掌握的应急资源情况进行调查。

案例分析主要是对典型突发事件的发生演化规律、造成的后果和处置救援等情况进行复盘研究,必要时构建突发事件情景,总结经验教训,明确应对流程、职责任务和应对措施,为制定应急预案提供参考借鉴。

第二十二条 政府及其有关部门在应急预案编制过程中,应当广泛听取意见,组织专家论证,做好与相关应急预案及国防动员实施预案的衔接。涉及其他单位职责的,应当书面征求意见。必要时,向社会公开征求意见。

单位和基层组织在应急预案编制过程中,应根据法律法规要求或实际需要,征求相关公民、法人或其他组织的意见。

第四章 审批、发布、备案

第二十三条 应急预案编制工作小组或牵头单位应当将应急预案送审稿、征求意见情况、编制说明等有关材料报送应急预案审批单位。因保密等原因需要发布应急预案简本的,应当将应急预案简本一并报送审批。

第二十四条 应急预案审核内容主要包括:

(一)预案是否符合有关法律、法规、规章和标准等规定;

(二)预案是否符合上位预案要求并与有关预案有效衔接;

(三)框架结构是否清晰合理,主体内容是否完备;

(四)组织指挥体系与责任分工是否合理明确,应急响应级别设计是否合理,应对措施是否具体简明、管用可行;

(五)各方面意见是否一致;

(六)其他需要审核的内容。

第二十五条 国家总体应急预案按程序报党中央、国务院审批,以党中央、国务院名义印发。专项应急预案由预案编制牵头部门送应急管理部衔接协调后,报国务院审批,以国务院办公厅或者有关应急指挥机构名义印发。部门应急预案由部门会议审议决定、以部门名义印发,涉及其他部门职责的可与有关部门联合印发;必要时,可以由国务院办公厅转发。

地方各级人民政府总体应急预案按程序报本级党委和政府审批,以本级党委和政府名义印发。专项应急预案按程序送本级应急管理部门衔接协调,报本级人民政府审批,以本级人民政府办公厅(室)或者有关应急指挥机构名义印发。部门应急预案审批印发程序按照本级人民政府和上级有关部门的应急预案管理规定执行。

重大活动保障应急预案、巨灾应急预案由本级人民政府或其部门审批,跨行政区域联合应急预案审批由相关人民政府或其授权的部门协商确定,并参照专项应急预案或部门应急预案管理。

单位和基层组织应急预案须经本单位或基层组织主要负责人签发,以本单位或基层组织名义印发,审批方式根据所在地人民政府及有关行业管理部门规定和实际情况确定。

第二十六条 应急预案审批单位应当在应急预案印发后的 20 个工作日内,将应急预案正式印发文本(含电子文本)及编制说明,依照下列规定向有关单位备案并抄送有关部门:

(一)县级以上地方人民政府总体应急预案报上一级人民政府备案,径送上一级人民政府应急管理部门,同时抄送上一级人民政府有关部门;

(二)县级以上地方人民政府专项应急预案报上一级人民政府相应牵头部门备案,同时抄送上一级人民政府应急管理部门和有关部门;

(三)部门应急预案报本级人民政府备案,径送本级应急管理部门,同时抄送本级有关部门;

(四)联合应急预案按所涉及区域,依据专项应急预案或部门应急预案有关规定备案,同时抄送本地区上一级或共同上一级人民政府应急管理部门和有关部门;

(五)涉及需要与所在地人民政府联合应急处置的中央单位应急预案,应当报所在地县级人民政府备案,同时抄送本级应急管理部门和突发事件应对牵头部门;

(六)乡镇(街道)应急预案报上一级人民政府备案,径送上一级人民政府应急管理部门,同时抄送上一级人民政府有关部门。村(社区)应急预案报乡镇(街道)备案;

(七)中央企业集团总体应急预案报应急管理部备案,抄送企业主管机构、行业主管部门、监管部门;有关专项应急预案向国家突发事件应对牵头部门备案,抄送应急管理部、企业主管机构、行业主管部门、监管部门等有关单位。中央企业集团所属单位、权属企业的总体应急预案按管理权限报所在地人民政府应急管理部门备案,抄送企业主管机构、行业主管部门、监管部门;专项应急预案按管理权限报所在地行业监管部门备案,抄送应急管理部门和有关企业主管机构、行业主管部门。

第二十七条 国务院履行应急预案备案管理职责的部门和省级人民政府应当建立应急预案备案管理制度。县级以上地方人民政府有关部门落实有关规定,指导、督促有关单位做好应急预案备案工作。

第二十八条 政府及其部门应急预案应当在正式印发后 20 个工作日内向社会公开。单位和基层组织应急预案应当在正式印发后 20 个工作日内向本单位以及可能受影响的其他单位和地区公开。

第五章 培训、宣传、演练

第二十九条 应急预案发布后,其编制单位应做好组织实施和解读工作,并跟踪应急预案落实情况,了解有关方面和社会公众的意见建议。

第三十条 应急预案编制单位应当通过编发培训材料、举办培训班、开展工作研讨等方式,对与应急预案实施密切相关的管理人员、专业救援人员等进行培训。

各级人民政府及其有关部门应将应急预案培训作为有关业务培训的重要内容,纳入领导干部、公务员等日常培训内容。

第三十一条 对需要公众广泛参与的非涉密的应急预案,编制单位应当充分利用互联网、广播、电视、报刊等多种媒体广泛宣传,制作通俗易懂、好记管用的宣传普及材料,向公众免费发放。

第三十二条 应急预案编制单位应当建立应急预案演练制度,通过采取形式多样的方式方法,对应急预案所涉及的单位、人员、装备、设施等组织演练。通过演练发现问题、解决问题,进一步修改完善应急预案。

专项应急预案、部门应急预案每 3 年至少进行一次演练。

地震、台风、风暴潮、洪涝、山洪、滑坡、泥石流、森林草原火灾等自然灾害易发区域所在地人民政府,重要基础设施和城市供水、供电、供气、供油、供热等生命线工程经营管理单位,矿山、金属冶炼、建筑施工单位和易燃易爆物品、化学品、放射性物品等危险物品生产、经营、使用、储存、运输、废弃处置单位,公共交通工具、公共场所和医院、学校等人员密集场所的经营单位或者管理单位等,应当有针对性地组织开展应急预案演练。

第三十三条 应急预案演练组织单位应当加强演练评估,主要内容包括:演练的执行情况,应急预案的实用性和可操作性,指挥协调和应急联动机制运行情况,应急人员的处置情况,演练所用设备装备的适用性,对完善应急预案、应急准备、应急机制、应急措施等方面的意见和建议等。

各地区各有关部门加强对本行政区域、本部门(行业、领域)应急预案演练的评估指导。根据需要,应急管理部门会同有关部门组织对下级人民政府及其有关部门组织的应急预案演练情况进行评估指导。

鼓励委托第三方专业机构进行应急预案演练评估。

第六章 评估与修订

第三十四条 应急预案编制单位应当建立应急预案定期评估制度,分析应急预案内容的针对性、实用性和可操作性等,实现应急预案的动态优化和科学规范管理。

县级以上地方人民政府及其有关部门应急预案原则上每 3 年评估一次。应急预案的评估工作,可以委托第三方专业机构组织实施。

第三十五条 有下列情形之一的,应当及时修订应急预案:

(一)有关法律、法规、规章、标准、上位预案中的有关规定发生重大变化的;

（二）应急指挥机构及其职责发生重大调整的；

（三）面临的风险发生重大变化的；

（四）重要应急资源发生重大变化的；

（五）在突发事件实际应对和应急演练中发现问题需要作出重大调整的；

（六）应急预案制定单位认为应当修订的其他情况。

第三十六条 应急预案修订涉及组织指挥体系与职责、应急处置程序、主要处置措施、突发事件分级标准等重要内容的，修订工作应参照本办法规定的应急预案编制、审批、备案、发布程序组织进行。仅涉及其他内容的，修订程序可根据情况适当简化。

第三十七条 各级人民政府及其部门、企事业单位、社会组织、公民等，可以向有关应急预案编制单位提出修订建议。

第七章 保障措施

第三十八条 各级人民政府及其有关部门、各有关单位要指定专门机构和人员负责相关具体工作，将应急预案规划、编制、审批、发布、备案、培训、宣传、演练、评估、修订等所需经费纳入预算统筹安排。

第三十九条 国务院有关部门应加强对本部门（行业、领域）应急预案管理工作的指导和监督，并根据需要编写应急预案编制指南。县级以上地方人民政府及其有关部门应对本行政区域、本部门（行业、领域）应急预案管理工作加强指导和监督。

第八章 附 则

第四十条 国务院有关部门、地方各级人民政府及其有关部门、大型企业集团等可根据实际情况，制定相关应急预案管理实施办法。

第四十一条 法律、法规、规章另有规定的从其规定，确需保密的应急预案按有关规定执行。

第四十二条 本办法由国务院应急管理部门负责解释。

第四十三条 本办法自印发之日起施行。

五、生产安全事故应急条例

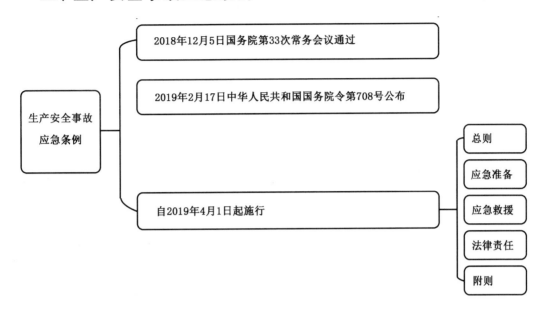

目　　录

第一章　总　　则

第一条　为了规范生产安全事故应急工作,保障人民群众生命和财产安全,根据《中华人民共和国安全生产法》和《中华人民共和国突发事件应对法》,制定本条例。

第二条　本条例适用于生产安全事故应急工作;法律、行政法规另有规定的,适用其规定。

第三条　国务院统一领导全国的生产安全事故应急工作,县级以上地方人民政府统一领导本行政区域内的生产安全事故应急工作。生产安全事故应急工作涉及两个以上行政区域的,由有关行政区域共同的上一级人民政府负责,或者由各有关行政区域的上一级人民政府共同负责。

县级以上人民政府应急管理部门和其他对有关行业、领域的安全生产工作实施监督管理的部门(以下统称负有安全生产监督管理职责的部门)在各自职责范围内,做好有关行业、领域的生产安全事故应急工作。

县级以上人民政府应急管理部门指导、协调本级人民政府其他负有安全生产监督管理职责的部门和下级人民政府的生产安全事故应急工作。

乡、镇人民政府以及街道办事处等地方人民政府派出机关应当协助上级人民政府有关部门依法履行生产安全事故应急工作职责。

第四条 生产经营单位应当加强生产安全事故应急工作,建立、健全生产安全事故应急工作责任制,其主要负责人对本单位的生产安全事故应急工作全面负责。

第二章 应 急 准 备

第五条 县级以上人民政府及其负有安全生产监督管理职责的部门和乡、镇人民政府以及街道办事处等地方人民政府派出机关,应当针对可能发生的生产安全事故的特点和危害,进行风险辨识和评估,制定相应的生产安全事故应急救援预案,并依法向社会公布。

生产经营单位应当针对本单位可能发生的生产安全事故的特点和危害,进行风险辨识和评估,制定相应的生产安全事故应急救援预案,并向本单位从业人员公布。

第六条 生产安全事故应急救援预案应当符合有关法律、法规、规章和标准的规定,具有科学性、针对性和可操作性,明确规定应急组织体系、职责分工以及应急救援程序和措施。

有下列情形之一的,生产安全事故应急救援预案制定单位应当及时修订相关预案:

(一)制定预案所依据的法律、法规、规章、标准发生重大变化;

(二)应急指挥机构及其职责发生调整;

(三)安全生产面临的风险发生重大变化;

(四)重要应急资源发生重大变化;

(五)在预案演练或者应急救援中发现需要修订预案的重大问题;

(六)其他应当修订的情形。

第七条 县级以上人民政府负有安全生产监督管理职责的部门应当将其制定的生产安全事故应急救援预案报送本级人民政府备案;易燃易爆物品、危险化学品等危险物品的生产、经营、储存、运输单位,矿山、金属冶炼、城市轨道交通运营、建筑施工单位,以及宾馆、商场、娱乐场所、旅游景区等人员密集场所经营单位,应当将其制定的生产安全事故应急救援预案按照国家有关规定报送县级以上人民政府负有安全生产监督管理职责的部门备案,并依法向社会公布。

第八条 县级以上地方人民政府以及县级以上人民政府负有安全生产监督管理职责的部门,乡、镇人民政府以及街道办事处等地方人民政府派出机关,应当至少每2年组织1次生产安全事故应急救援预案演练。

易燃易爆物品、危险化学品等危险物品的生产、经营、储存、运输单位,矿山、金属冶炼、城市轨道交通运营、建筑施工单位,以及宾馆、商场、娱乐场所、旅游景区等人员密集场所经营单位,应当至少每半年组织1次生产安全事故应急救援预案演练,并将演练情况报送所在地县级以上地方人民政府负有安全生产监督管理职责的部门。

县级以上地方人民政府负有安全生产监督管理职责的部门应当对本行政区域内前

款规定的重点生产经营单位的生产安全事故应急救援预案演练进行抽查;发现演练不符合要求的,应当责令限期改正。

第九条　县级以上人民政府应当加强对生产安全事故应急救援队伍建设的统一规划、组织和指导。

县级以上人民政府负有安全生产监督管理职责的部门根据生产安全事故应急工作的实际需要,在重点行业、领域单独建立或者依托有条件的生产经营单位、社会组织共同建立应急救援队伍。

国家鼓励和支持生产经营单位和其他社会力量建立提供社会化应急救援服务的应急救援队伍。

第十条　易燃易爆物品、危险化学品等危险物品的生产、经营、储存、运输单位,矿山、金属冶炼、城市轨道交通运营、建筑施工单位,以及宾馆、商场、娱乐场所、旅游景区等人员密集场所经营单位,应当建立应急救援队伍;其中,小型企业或者微型企业等规模较小的生产经营单位,可以不建立应急救援队伍,但应当指定兼职的应急救援人员,并且可以与邻近的应急救援队伍签订应急救援协议。

工业园区、开发区等产业聚集区域内的生产经营单位,可以联合建立应急救援队伍。

第十一条　应急救援队伍的应急救援人员应当具备必要的专业知识、技能、身体素质和心理素质。

应急救援队伍建立单位或者兼职应急救援人员所在单位应当按照国家有关规定对应急救援人员进行培训;应急救援人员经培训合格后,方可参加应急救援工作。

应急救援队伍应当配备必要的应急救援装备和物资,并定期组织训练。

第十二条　生产经营单位应当及时将本单位应急救援队伍建立情况按照国家有关规定报送县级以上人民政府负有安全生产监督管理职责的部门,并依法向社会公布。

县级以上人民政府负有安全生产监督管理职责的部门应当定期将本行业、本领域的应急救援队伍建立情况报送本级人民政府,并依法向社会公布。

第十三条　县级以上地方人民政府应当根据本行政区域内可能发生的生产安全事故的特点和危害,储备必要的应急救援装备和物资,并及时更新和补充。

易燃易爆物品、危险化学品等危险物品的生产、经营、储存、运输单位,矿山、金属冶炼、城市轨道交通运营、建筑施工单位,以及宾馆、商场、娱乐场所、旅游景区等人员密集场所经营单位,应当根据本单位可能发生的生产安全事故的特点和危害,配备必要的灭火、排水、通风以及危险物品稀释、掩埋、收集等应急救援器材、设备和物资,并进行经常性维护、保养,保证正常运转。

第十四条　下列单位应当建立应急值班制度,配备应急值班人员:

(一)县级以上人民政府及其负有安全生产监督管理职责的部门;

(二)危险物品的生产、经营、储存、运输单位以及矿山、金属冶炼、城市轨道交通运营、建筑施工单位;

(三)应急救援队伍。

规模较大、危险性较高的易燃易爆物品、危险化学品等危险物品的生产、经营、储存、运输单位应当成立应急处置技术组,实行 24 小时应急值班。

第十五条 生产经营单位应当对从业人员进行应急教育和培训,保证从业人员具备必要的应急知识,掌握风险防范技能和事故应急措施。

第十六条 国务院负有安全生产监督管理职责的部门应当按照国家有关规定建立生产安全事故应急救援信息系统,并采取有效措施,实现数据互联互通、信息共享。

生产经营单位可以通过生产安全事故应急救援信息系统办理生产安全事故应急救援预案备案手续,报送应急救援预案演练情况和应急救援队伍建设情况;但依法需要保密的除外。

第三章 应 急 救 援

第十七条 发生生产安全事故后,生产经营单位应当立即启动生产安全事故应急救援预案,采取下列一项或者多项应急救援措施,并按照国家有关规定报告事故情况:

(一)迅速控制危险源,组织抢救遇险人员;

(二)根据事故危害程度,组织现场人员撤离或者采取可能的应急措施后撤离;

(三)及时通知可能受到事故影响的单位和人员;

(四)采取必要措施,防止事故危害扩大和次生、衍生灾害发生;

(五)根据需要请求邻近的应急救援队伍参加救援,并向参加救援的应急救援队伍提供相关技术资料、信息和处置方法;

(六)维护事故现场秩序,保护事故现场和相关证据;

(七)法律、法规规定的其他应急救援措施。

第十八条 有关地方人民政府及其部门接到生产安全事故报告后,应当按照国家有关规定上报事故情况,启动相应的生产安全事故应急救援预案,并按照应急救援预案的规定采取下列一项或者多项应急救援措施:

(一)组织抢救遇险人员,救治受伤人员,研判事故发展趋势以及可能造成的危害;

(二)通知可能受到事故影响的单位和人员,隔离事故现场,划定警戒区域,疏散受到威胁的人员,实施交通管制;

(三)采取必要措施,防止事故危害扩大和次生、衍生灾害发生,避免或者减少事故对环境造成的危害;

(四)依法发布调用和征用应急资源的决定;

(五)依法向应急救援队伍下达救援命令;

(六)维护事故现场秩序,组织安抚遇险人员和遇险遇难人员亲属;

(七)依法发布有关事故情况和应急救援工作的信息;

(八)法律、法规规定的其他应急救援措施。

有关地方人民政府不能有效控制生产安全事故的,应当及时向上级人民政府报告。上级人民政府应当及时采取措施,统一指挥应急救援。

第十九条 应急救援队伍接到有关人民政府及其部门的救援命令或者签有应急救

援协议的生产经营单位的救援请求后,应当立即参加生产安全事故应急救援。

应急救援队伍根据救援命令参加生产安全事故应急救援所耗费用,由事故责任单位承担;事故责任单位无力承担的,由有关人民政府协调解决。

第二十条　发生生产安全事故后,有关人民政府认为有必要的,可以设立由本级人民政府及其有关部门负责人、应急救援专家、应急救援队伍负责人、事故发生单位负责人等人员组成的应急救援现场指挥部,并指定现场指挥部总指挥。

第二十一条　现场指挥部实行总指挥负责制,按照本级人民政府的授权组织制定并实施生产安全事故现场应急救援方案,协调、指挥有关单位和个人参加现场应急救援。

参加生产安全事故现场应急救援的单位和个人应当服从现场指挥部的统一指挥。

第二十二条　在生产安全事故应急救援过程中,发现可能直接危及应急救援人员生命安全的紧急情况时,现场指挥部或者统一指挥应急救援的人民政府应当立即采取相应措施消除隐患,降低或者化解风险,必要时可以暂时撤离应急救援人员。

第二十三条　生产安全事故发生地人民政府应当为应急救援人员提供必需的后勤保障,并组织通信、交通运输、医疗卫生、气象、水文、地质、电力、供水等单位协助应急救援。

第二十四条　现场指挥部或者统一指挥生产安全事故应急救援的人民政府及其有关部门应当完整、准确地记录应急救援的重要事项,妥善保存相关原始资料和证据。

第二十五条　生产安全事故的威胁和危害得到控制或者消除后,有关人民政府应当决定停止执行依照本条例和有关法律、法规采取的全部或者部分应急救援措施。

第二十六条　有关人民政府及其部门根据生产安全事故应急救援需要依法调用和征用的财产,在使用完毕或者应急救援结束后,应当及时归还。财产被调用、征用或者调用、征用后毁损、灭失的,有关人民政府及其部门应当按照国家有关规定给予补偿。

第二十七条　按照国家有关规定成立的生产安全事故调查组应当对应急救援工作进行评估,并在事故调查报告中作出评估结论。

第二十八条　县级以上地方人民政府应当按照国家有关规定,对在生产安全事故应急救援中伤亡的人员及时给予救治和抚恤;符合烈士评定条件的,按照国家有关规定评定为烈士。

第四章　法　律　责　任

第二十九条　地方各级人民政府和街道办事处等地方人民政府派出机关以及县级以上人民政府有关部门违反本条例规定的,由其上级行政机关责令改正;情节严重的,对直接负责的主管人员和其他直接责任人员依法给予处分。

第三十条　生产经营单位未制定生产安全事故应急救援预案、未定期组织应急救援预案演练、未对从业人员进行应急教育和培训,生产经营单位的主要负责人在本单位发生生产安全事故时不立即组织抢救的,由县级以上人民政府负有安全生产监督管理职责的部门依照《中华人民共和国安全生产法》有关规定追究法律责任。

第三十一条 生产经营单位未对应急救援器材、设备和物资进行经常性维护、保养,导致发生严重生产安全事故或者生产安全事故危害扩大,或者在本单位发生生产安全事故后未立即采取相应的应急救援措施,造成严重后果的,由县级以上人民政府负有安全生产监督管理职责的部门依照《中华人民共和国突发事件应对法》有关规定追究法律责任。

第三十二条 生产经营单位未将生产安全事故应急救援预案报送备案、未建立应急值班制度或者配备应急值班人员的,由县级以上人民政府负有安全生产监督管理职责的部门责令限期改正;逾期未改正的,处3万元以上5万元以下的罚款,对直接负责的主管人员和其他直接责任人员处1万元以上2万元以下的罚款。

第三十三条 违反本条例规定,构成违反治安管理行为的,由公安机关依法给予处罚;构成犯罪的,依法追究刑事责任。

第五章　附　则

第三十四条 储存、使用易燃易爆物品、危险化学品等危险物品的科研机构、学校、医院等单位的安全事故应急工作,参照本条例有关规定执行。

第三十五条 本条例自2019年4月1日起施行。

参 考 文 献

[1] 曹阳.企业安全文化建设方法探析[J].企业改革与管理,2018(4):187-188.

[2] 曹志金.水电企业安全文化建设的探索与实践[J].中国安全科学学报,2021,31(增刊1):92-95.

[3] 常云海.石油化工企业安全文化建设体系构建与应用研究[D].北京:首都经济贸易大学,2014.

[4] 陈铭.企业安全活动对安全文化影响的研究[D].北京:中国地质大学(北京),2014.

[5] 陈小华.新昌发电分公司安全文化建设的探索[J].劳动保护,2024(2):44-45.

[6] 岱海.发电"五融"引领安全文化建设[J].中国安全生产,2017,12(2):62-63.

[7] 范昕,于沛东,王姣姣,等.发电企业"五融安全文化"构建与实施[J].创新世界周刊,2023(7):61-65.

[8] 傅贵,陈奕燃,许素睿,等.事故致因"2-4"模型的内涵解析及第6版的研究[J].中国安全科学学报,2022,32(1):12-19.

[9] 广东电网有限责任公司东莞供电局.供电企业安全文化建设探索[M].武汉:武汉理工大学出版社,2016.

[10] 国家安全生产监督管理总局.企业安全文化建设导则:AQ/T 9004—2008[S].北京:煤炭工业出版社,2009.

[11] 国家安全生产监督管理总局.企业安全文化建设评价准则:AQ/T 9005—2008[S].北京:煤炭工业出版社,2009.

[12] 国投电力控股股份有限公司.发电企业安健环管理体系标准[M].北京:中国水利水电出版社,2016.

[13] 何思泉.X公司企业安全文化建设方案优化研究[D].西安:陕西师范大学,2022.

[14] 贺阿红,傅贵,张江石,等.安全文化手册设计研究[J].煤矿安全,2013,44(4):220-223.

[15] 贺阿红.企业安全文化载体内容设计研究[D].北京:中国矿业大学(北京),2013.

[16] 胡玉.发电企业人因失误分析及其预防控制措施研究[J].中国安全科学学报,2022,32(增刊2):19-25.

[17] 黄坚.新时期电力企业开展安全文化建设的实践探索[J].企业改革与管理,2021(20):199-200.

[18] 金天寅,罗福洪.构建发电企业本质安全文化[J].科技视界,2015(22):259-260.

[19] 雷焕贵.杜邦的安全价值理念:零伤害、零疾病、零事故[J].中国外资,2023(7):76-80.

[20] 李超.国有企业安全文化建设探讨[J].现代商贸工业,2021,42(9):37-38.

[21] 李国辉."安康杯"劳动竞赛助推安全发电[J].兵团工运,2013(9):47.

[22] 李伟华.习近平总体国家安全观研究[D].石家庄:河北经贸大学,2020.

[23] 刘峰,董颖,李佳.基于风险核心要素的安全生产一体化管理:《个人安全手册》在安全管理中的应用[J].现代职业安全,2021(10):79-81.

[24] 刘海林.LK公司安全生产管理体系优化研究[D].秦皇岛:燕山大学,2023.

[25] 刘宏亮.基于层次分析法的发电企业安全文化评价指标体系研究[J].电力安全技术,2024,26(4):44-48.

[26] 刘军.D公司安全生产双重预防体系构建研究[D].天津:天津大学,2022.

[27] 刘凯利.基于戴明循环的化工企业安全文化模式研究[D].青岛:青岛理工大学,2016.

[28] 刘跃进.安全领域"传统""非传统"相关概念与理论辨析[J].学术论坛,2021,44(1):27-48.

[29] 柳光磊,刘何清,阮毅,等."十四五"时期的企业安全文化建设的思考[J].安全,2021,42(4):32-37.

[30] 马跃.企业安全文化建设方法研究[D].北京:中国矿业大学(北京),2017.

[31] 毛保勇.猴子岩水电站安全文化建设的规划与设计思路[J].现代职业安全,2020(1):34-36.

[32] 毛锐,童庆刚,范强,等.电力企业安全文化建设的设计与实践[J].劳动保护,2023(11):106-108.

[33] 欧阳霞,刘钰妃.系统观念视角下总体国家安全观探析[J].河南警察学院学报,2024,33(5):15-22.

[34] 齐辉.发电厂安全文化建设[J].上海电力学院学报,2018,34(增刊1):15-20.

[35] 祁强强.基于 Haddon-24Model 的事故反应理论模型研究[J].安全,2020,41(6):63-69.

[36] 邱元刚,孙伟锋.提升安全生产"软实力":记华电莱州发电有限公司安全文化建设[J].现代职业安全,2017(12):46-49.

[37] 闪淳昌,周玲,秦绪坤,等.我国应急管理体系的现状、问题及解决路径[J].公共管理评论,2020,2(2):5-20.

[38] 石峰.发电企业安全文化建设刍议[J].中国设备工程,2019(10):28-29.

[39] 史超凡.基于 SEM-SD 模型的建筑工人不安全行为意向发生机理及干预研究[D].北京:北方工业大学,2023.

[40] 事故致因 2-4 模型(24Model)[J].中国安全生产科学技术,2019,15(4):193.

[41] 孙艳复,秦浩凯,邓高峰.探究电力企业安全文化建设及评价指标体系构建[J].广西电业,2019(4):41-44.

[42] 陶相栋.发电企业安全生产管理的探索与实践[J].中国新技术新产品,2015(4):184.

[43] 田华锋.中煤哈密发电打好安全管理"组合拳"[J].企业管理,2021(10):88-90.

[44] 王秉.探析企业安全文化手册编制[J].现代职业安全,2019(1):21-23.

[45] 王晨瑜,陈霄.浅谈安全目视化及安全文化在发电企业的应用[J].中国设备工程,2020(11):47-49.

[46] 王方勇.发电企业相关方安全文化融合研究[J].现代职业安全,2023(1):73-75.

[47] 温和达,朱叶风.基于企业安全文化建设经验的浅析[C]//中钢集团武汉安全环保研究院.2021年(第二届)冶金安全发展高峰论坛暨中国金属学会冶金安全与健康分会、中国安全生产协会冶金安全专业委员会年会论文摘要,2021.

[48] 吴继凤.企业安全文化建设的原则及实践策略探讨[J].商业文化,2024(7):117-119.

[49] 武琼.发电企业文化建设与创新[J].现代企业文化,2022(28):11-13.

[50] 谢华盛.建设发电企业安全文化[J].现代职业安全,2013(7):94-95.

[51] 徐鹏.基于SEM的施工班组安全建设研究[D].济南:山东建筑大学,2024.

[52] 殷勇.论新形势下企业安全文化建设的探索[J].化工管理,2020(1):52-53.

[53] 张爱玲,刘慧.七台河发电:安全文化引领企业扬帆远航[J].中国安全生产,2022,17(10):60-61.

[54] 张爱玲.哈尔滨电机厂:筑牢民族工业安全之基[J].中国安全生产,2020,15(2):56-57.

[55] 张爱新.企业安全文化与企业安全绩效的关系研究[D].广州:华南理工大学,2020.

[56] 张克.企业安全文化建设重要性及对策研究[J].现代职业安全,2024(4):90-91.

[57] 张跃兵.企业安全文化结构模型及建设方法研究[D].北京:中国矿业大学(北京),2013.

[58] 赵钰华.浅谈发电企业安全文化建设[J].中小企业管理与科技,2015(7):27.

[59] 周国悦.高风险企业组织安全行为研究[D].西安:西安建筑科技大学,2022.

[60] 朱凯.基于"2-4"事故致因模型的火力发电设备吊装事故原因及对策研究[J].中国安全生产,2023,18(10):48-49.

[61] ANDREW R C. The 2 x 4 model:A neuroscience-based blueprint for the modern integrated addiction and mental health treatment system[M]. Taylor and Francis:CRC Press,2017.